歩むごとに、ぼく自身と、ぼく自身の習って来た世界の虚偽が見えた。

しかし、ぼくは他の良いものも見た。巨大なガジュマルの樹に巣食う数々の生活を見た。その背後に湧き上がる巨大な雨雲を見た。人間どもに挑みかかる烈しい象を見た。《象》を征服した気高い少年を見た。象と少年を包み込む高い《森》を見た。世界は、良かった。大地と風は、荒々しかった……花と蝶は美しかった。

ぼくは歩んだ。出会う人々は、悲しいまでに愚劣であった。出会う人々は悲惨であった。出会う人々は滑稽であった。出会う人々は軽快であった。出会う人々は、はなやかであった。出会う人々は、高貴であった。出会う人々は荒々しかった。世界は良かった。

《旅》は無言のバイブルであった。
《自然》は道徳であった。《沈黙》は
ぼくをとらえた。そして沈黙より
出た《言葉》はぼくをとらえた。
悪くも良くも、すべては良かった。
ぼくはすべてを観察した。そして
我が身にそれを《写実》してみた。

造本・装幀　江並直美
製版　甲州博行

印度放浪

藤原新也

目次

十五年目の自白

先日、二人の青年が関西の方から訪ねて来た時、その談話の中でインドの話が出た。彼らの話によれば、最近インドに行く若い人が増えつつあるという。訪ねて来た青年のうちの一人も、この春インドに行ったとのことである。二時間ばかり話をして彼らが帰ったのち、一人になった部屋で彼らの言い残していったある設問が気になっていた。一人の青年がこう言った。

「藤原さんは何故インドへ行ったのでしょう」

今でこそアジアの見直しの気運があって、色々な人がインドやチベットに関する本を書くようになったが、あなたは私たちが五歳くらいの遠い昔にインドに行っている。それはなぜなのか、と不思議そうに聞いてくるのである。

気持にひっかかったのは、その設問の内容ではなかった。先程まで目の前にいたあのように立派に成人した青年が、まだいたいけな幼年期の頃に、青年の私がインド亜大陸を徘徊していたという事実に、幾分ショックを受けていたのである。私の年齢は今年の三月で四十歳になったが、幸か不幸かそれから何ケ月もの間四十歳という年齢を感じさせてくれる局面に出合わなかった。体も元気だし、気の若さも手伝って未だ三十代の気分をそのまま持ち越しているようなところがあった。しかし、ある日とつぜんやって来た青年のそのような言葉によって、私は自分が壮年期に入ったのだということを、はっきりと自覚させられた。

そういう経緯をかえりみながら、この青年期の未熟な書きものである『印度放浪』が、今回文庫本に収録されるに当って、まず、それに遠い彼方の私の青年期の初作であるという注釈をつけておかなくてはならないと思う。

「あなたは何故インドに行ったのか?」

実を言うとこの問いは、これまで十何年もの間、食傷するほどしばしば私に投げかけられた、凡庸にすぎる設問である。毎日異なった人が、ある一人の人間に対して、全く同一の質問を何年もの間蜒々と投げかけて答えを強要するなら、その人間はただ一つの答えをオウムのようにくり返す思考虚脱に陥るか、あるいは自己を保持するために様々な答えをあみ出そうとして、最後には精神分裂病に陥ってしまうだろう。これは一種の言葉による拷問である。十数年の間、私はその言葉の拷問を強いられつづけていたと思う。

二十代の頃、私はこの種の設問にぶつかると、理由のない拒絶反応を覚える時期が長く続いた。というより、なぜかこの設問に関しては、反感すら覚えていた。反発の裏には、ただでも複雑な人間の行為というものが、そんなに単純明快な設問によって割り切られてたまるか、という気持があったように思う。またそれは、自分の行動を冷静に客観視できないことに対する、自分自身への苛立ちからくるものでもあったろう。

しかし、二十代を過ぎ、三十代半ばに近づくと、その同じ設問に対する私の対応の仕方は、少しずつ微妙に異なっていった。そしていつの頃からか私はもうその設問に対して反発しなくなっていた。

「もしあなたがそれを問いたいなら、あなたが満足するような理由をここで一つでっち上げてみましょう」と幾分斜に構えるようになっていたのである。で、私はそんな質問があるたびに、まるで会話のゲームでも楽しむかのように、その場で思いついた理由めいたものを、行き当りばったりにしゃべった。相手は私の行動が一応理由づけられたことによって満足し、私も私自身の過去と目の前の人間とにある程度無責任になることによって、そのことから解放される壮快さを味わった。このように、一つの言葉のみしかリピートできない安物のロボットにインプットされたような決まり文句を長年受けて立ちながらも、その紋切型の設問に対する私自身の年齢に応じた対応の変節もまた、そこに見られたわけである。

そしてつい先日、あの二人の青年が訪ねて来て、また再びその設問が飛び出したわけだが、私はそのときなぜか、不覚にも口ごもってしまった。私はそれに対して、何か言おうとしながら、なぜか一瞬言葉に詰ってしまっていた。

何かが変ったのだ。私のその時吐く言葉は、二十代のものでも三十代のものでもありえないような気がした。何かが微妙に変化したのだ。

その私のとつぜんの変化について、のちに私なりに考えてみたのだが、一つには多分それはこういうことだったのではないかと思う。目の前の青年がいたいけな五歳の幼児であった頃、青年の私がしでかした何かについて、

〝どうして？〟

と子供が訴えるような目で問われた時、私は当然のことながら、かつて自分の二十代の時のように、その言葉に反発し拒絶することはできない。かと言って三十代のそれのように斜に構えて、その幼児の素朴な疑問符をもてあそぶことも出来なかった。そういう対応をするには私と青年の間にはそのとき年齢の隔りがありすぎた。私はまた歳を食ったのである。

私は二人の青年の前で妙に素直に考え込んでしまった。私は雄弁になれなかった。無言のまま青年の視線から目をそらし、しばらくの間青年の後の壁の方に目をやっていた。白い壁に、二人の青年の色のない影が淡い輪郭を描いている。

若いね……影が。やっぱり影にも年齢があるみたいだな。

かつてこの目の前にいる青年の年齢の頃、私は何をしにインドに行ったのだろ

う……

としきりに考えながらも、私は、それとは関係のないことをふと口走った。

影が動いた。ちらりと横顔が見えた。青年は自分の影の方を振り向いたらしい。

青年の影が動いているのを見ていた時、ある種の感情が襲って来た。想いが妙に研ぎ澄まされ、過去の方へ向って激しく遡って行った。そして青年の影を突き破って現れた私のかつての青年がそこに居た。

そのかつての私である青年は、何か、病み上りのように見えた。

瘦せており、毛髪が長く無精髭が伸び、突き出した頬骨が激しい陽ざしを受けてテラテラと光っている。ひ弱そうに見えながら、太陽に焼き切られた肩の肌が、この灼熱の国に対する青年の抵抗の時間と旅のありさまを物語っているようだ。

青年は何かに負けているようであった。

多分青年は太陽に負けていた。そして、青年は大地に負けていた。

青年は人に負け、熱に負けていた。青年は牛に負け、羊に負け、犬や虫に負けていた。

青年は汚物に負け、花に負けていた。青年はパンに負け、水に負けていた。青年は乞食に負け、女に負け、神に負けていた。青年は臭いに負け、音に負け、そして時間に負けていた。

青年は、自分を包み込むありとあらゆるものに負けていた。

疲れたその青年の目は表情を失っているかに見えたが、太陽に射られて眩ゆく白熱する、目の前の地面を、ただぼんやりと見つめ返すだけの意志をわずかに残していた。


多分これは……、私が二十五歳のあの時の姿に違いないと思った。

あの夏、タール砂漠を蜒々と横切って、ある街にたどり着き、水を飲んだ揚句に激しい下痢に襲われ、三日寝込んだ次の日の昼、次の土地へ行くためにバス停のわきの石にぼんやり座っていた……

あの時の私の青年の姿に違いない、と思った。

私は、ふとわれに返ってつぶやいた。

……何か知らんけど
無茶苦茶に何でもかんでも、
負けに行ったんじゃないかなァ。
……最初の頃は。

え、負けに……ですか。

目の前の青年はちょっと驚いたようにそう言った。

そして口を結んだまま、ひと呼吸おいて鼻から息を吹き出すように小さく笑った。

おかしい？

ええ、何となく。

私はその時の青年の表情の変化を見逃さなかった。青年の顔の表情のどこかに見られた翳りがふと消えて、一瞬それが爽やかなものに反転した。

それは青年が、私を一つ自白に追いつめたことの意思表示であったのかも知れない。

あるいは、その私の自白は、何かにつけ考えつめようとする青年にとって余りにも素朴で単純に過ぎたということかも知れない。

それは例えば、複雑な犯罪を犯した知能犯を長い尋問の末やっと自白に追いやった時、その自白の内容と犯罪の動機が、あまりにも子供じみていて変に愉快な気分になってしまった悩める刑事の心境に似ているようなところがないとも言えない。

落としてみりゃァ……、

お前もフツウの人間だってことだな！

フッウの刑事は顔に安堵の色を浮かべつつ、醒め切った一服の茶で乾いた喉を癒しながら、多分そのような決まり文句を吐くに違いない。

知能犯は、フッウの刑事からそう言われた時、十五年間もの長きにわたるしつこい尋問の末、幼い青年の前でポロリと不覚な自白したあの時の私のように、今一度我を疑ってみる。

俺の犯罪の動機というものはそんなに単純なものだったんだろうか？

しかし、もう遅すぎる。

……吐いちゃったんだからな。

藤原新也

一九八四年十月十二日

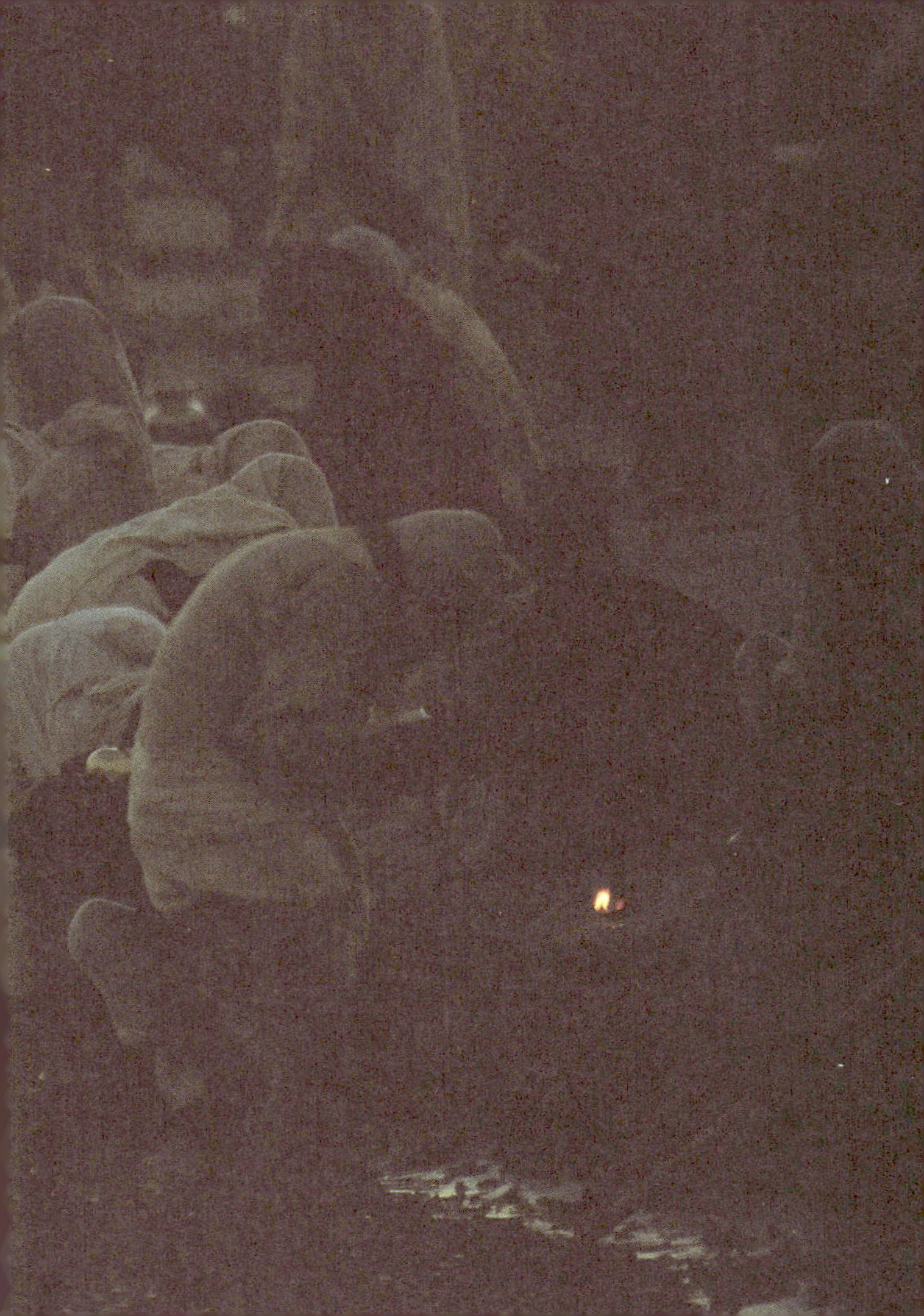

語録

――好物

辛い物一般。唐辛子かな。唐辛子に関しては変な思い出がある。最初インドに行く前、戸塚に住んでたんだけど、アパートの前の斜面の畑に樹木のように太った唐辛子の草があってね。ある日新興宅地開発のために畑がどんどん崩されはじめたんだ。野菜が植わったままブルドーザでやっちゃうんだね。どんどん整地されてその唐辛子も明日には踏み殺されるという、その前夜、唐辛子の草を根っこから引き抜いて家に運び入れた。真剣に盗んだよ。俺しか盗むヤツいないって感じでね。ふたかかえもある大きなヤツで、六畳の真中にビニールを敷いて土を盛って植えたら、フトンを敷く場所がなくなっちゃった(笑)。大家が家賃を取りに来てドア開けたら丸見えでしょ。何て言ったと思う。「大きな盆栽ですね」って(笑)。ジョークのわかるえらい大家だった。唐辛子はミソ汁なんかに入れて食べたんだけどね、半月くらいで枯れちゃった。枯れてインドへ行った。

――インドへの準備はどういうものだったんですか。

二つある。捨てること。それに準備しないこと。僕の場合はね。学校。アパート。家具。本。捨てて支障のないものは全部捨てたり、売り払ったりしたんだけど、そうしてみると、案外ほとんど自分の身の回りのものに切実に必要なものは、歯ブラシぐらいのものってことがわかる。さっぱりしたよ。

準備しないってのはね。情報を一切入れなかったことだね。旅の目的地に関する。情報を入れれば入れるほど安心はふくらむけど、実像は遠ざかるよ。十人の人が同じ情報を頭にぶち込んで「自由の女神」を見た場合、皆同じようにしか見えないんだね。今の情報化社会の旅はこの病が恐ろしく深い。むしろ実像を見るのが怖いってことなのかな。実像が自分を侵さないように情報によって保護膜を作ってるのかも知れないね。

たとえば堀田善衛が『インドで考えたこと』（岩波新書）の最後のあたりで、エローラの岩壁《いわかべ》に掌をつくと、何とも気味わるい、虚しさのきわまったようなこだまがガラーンと響いてきて、わからなくなったと書いてるね。僕の旅は逆にそこから始ったような気がする。エローラでもどこでもいいんだけど、土なら土、岩なら岩というものにパッと手をついてみるところから、それを基準にして、いま人間の作りつつある機構を見ていこうじゃないか。片手に石を持って人の顔を見るとか、自分が人間として持ち得る最も根源的なもので対抗していきたい、そういう気分があったと思う。

つまりね、七〇年代前半から中盤にかけて、インド行きというのが非常にポピュラリティを持ってきた。ちょうど「自然に帰れ」とかいう言葉が出てきて、それに対応する形で「安らぎ」とか「神秘」という言葉も登場した。僕はそこからインドの解釈というのが、世の中で崩れていったと思っている。というのも、インドのあの自然に触れるっていうことは、安らぎを得るんじゃなくて、逆にものすごくアナーキーな神経になっていくことだ。あの自然を模倣すれば、人間社会の管理から全くはずれちゃう。本当は非常に危険なわけだよ。それが、昔からどこの国の文化でも、日本に入ってくると全部咀嚼されて可愛くなっていくということがあるでしょう。今度はインドが、全くそのコースにはまっちゃった。

ग्राम सेवा संघ-फतेहपुर

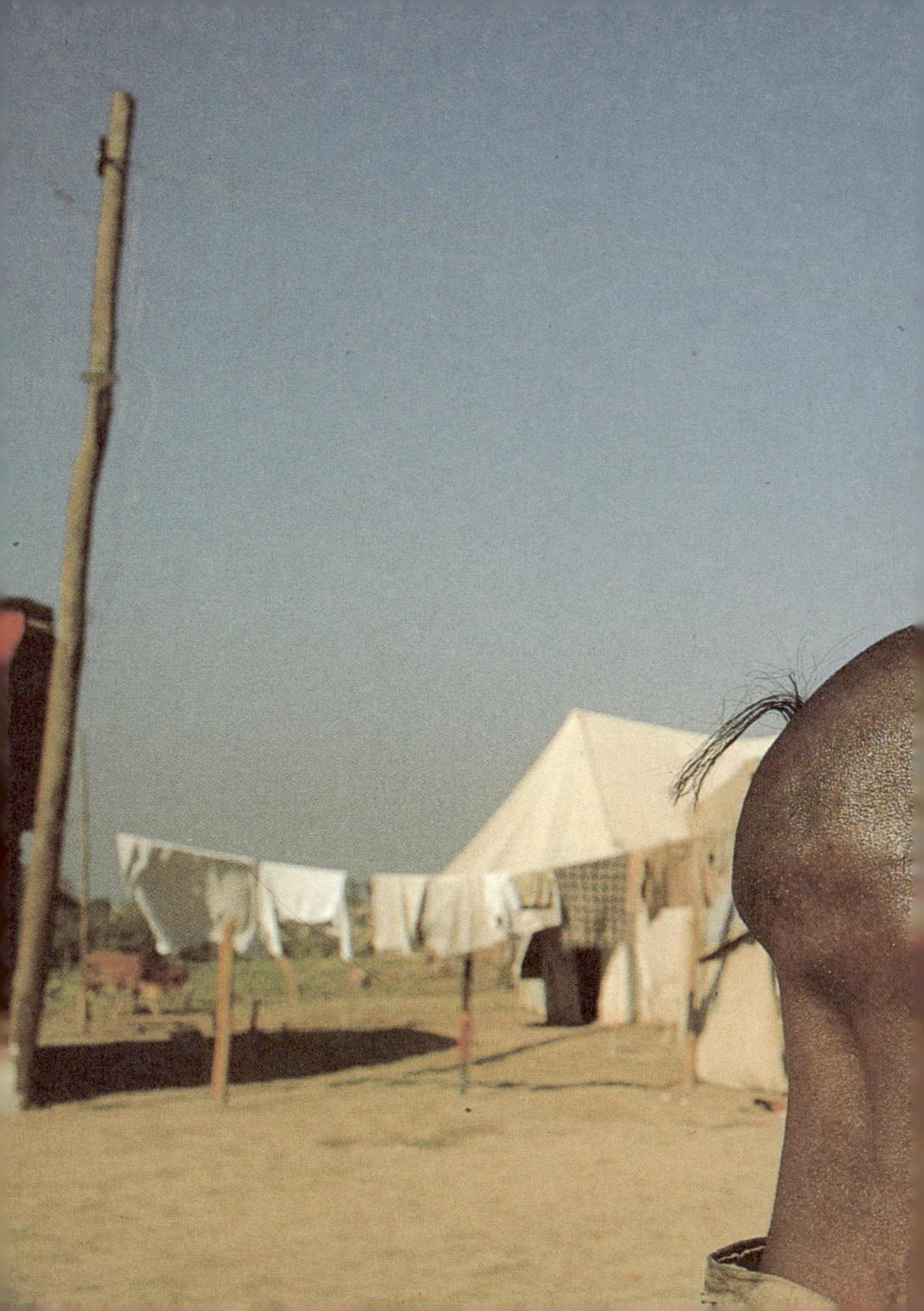

――十三年後の日本、何がどう変わりましたか。

出る時は怒っていた。帰ってきたら、皆、笑ってた(笑)。

物ができあがって滅びて死んで行って土に戻り、また別の何かの型をとって再生するという大きなサイクルがあるでしょう。それはやはり自然物でないと表現されないわけですね。そういう環境を目の前に持てなければやはり彼岸とかあの世、この世といった感性は生まれにくいんですね。

インドだからって聖人、善人、素朴な人ばかりってわけじゃない。悪人、俗人入り乱れて人間博覧会みたいだね。日本はその幅が平均的だけど、インドの場合は聖と俗の幅が驚くほどかけ離れている。カーストが百くらいあるとすると、それほど人間の格＝聖と俗のバリエーションがある。どのバリエーションの格でつきあうかで、自分の格が見えるんだね。類は類を呼ぶって言うでしょ。旅はまさにこれだね。くだらない旅してる時は、くだらない奴とつきあってる。ふっきれたいい旅してる時は、百の中の八十とか九十あたりの高い格の人間とつきあってる。ぼくは最高の人間とは会ってないのかもしれない。しかし、高い人格の人間と出合う旅イコール良い旅、ということでもない。どうしようもなくくだらない奴から、次元の高いのまで、むしろどれだけのバリエーションが旅の中に展開されたかだね。それが旅の豊かさだと思う。

インドでのカーストというのは肌の色でもあるわけです。日本からインドへ行くと、最初のうちは色も白いし、身なりも汚れてないわけですよ。それが二カ月、三カ月いるにしたがって、色も黒くなって、服も汚れてくる。そうするとまわりの反応も変ってくる。カーストが次第に下ってくるんだね。乞食の対応もだんだん変ってくる(笑)。僕は最初の旅のとき、半年くらいで乞食から無視された。無視されると、意外とこれが寂しいもんですよ(笑)。だんだん彼らと同じようになってくると、初めは街を歩いていて一日に十人ぐらい寄ってきたのが、ポツポツやんできて、最後には誰も見向きもしてくれない。ちょっと見捨てられたような感じもするのね(笑)。

――ヒンドゥ教は具体的な物と形而上的世界が一体となったような宗教らしいですが、その物を通して抽象世界・あの世が見えるというような世界は、藤原さんの写真の世界に近いですね。

それは意識によってそう見えるというのではなくて、存在の仕方としてすでにあるわけです。例えばアフリカへ行くと物の見え方が無意味になるんですよ、不思議なことに。インドで、例えば太陽がパッと照って、石とか木とかに当るとその物の背後にイメージというか、その存在の意味が立ち上がるということがある。ところがアフリカだとこれが逆なんですね。つまり光が当ると、物から意味がどんどんはがれて行って、ただ「在る」ということだけの世界になって行く。トウモロコシ畑とかハイウェイとか、ピカピカの黒人の頭とか、それが全部等質の光を帯びてくる。アフリカというのはインドとはちがった意味で原質の世界だな、と思いました。石、と言ったら石以外の何物でもない世界なんだな。インドだったら、石と言ったら、石の背後に何かの隠喩が働く。どちらがすごいかと言ったら、インドの方が深いけど、アフリカの方がふっ切れている。

ぼくの旅行した風土にも、メディアでものを伝える方法っていうのはあるんです。とくにチベットには強くあります。ただ、インドの場合は、文字や言葉でものを伝達する風土じゃないんですよ。たとえば、経典というものは、基本的にインドには生きにくいものなんです。インドの風土では、まあ昔、経典はたくさんできたわけだけれども、結局生き残らないんです。と言うのは、すでに「場」そのものが実相を示している土地ですから、その実相を咀嚼して言葉に置き換えることは、あまり意味をなさない。しかし日本のような実相の希薄な土地に実相を伝えるには、その言葉が必要となる。なぜなら「場」そのものを移行させることは出来ないですからね。

ぼくはインドに行って、そのインドの実相を日本に伝えるのに、文章と写真という二本立てでやって来たんだけど、これは大まかに言えば、かつてインドの実相を伝えるメディアが文物であった、その方法論と同じようなものです。

東南アジアの空気の中には人を睡眠に誘う素粒子が含まれているように思われることがある。亜熱帯の湿度と温度の中で揮発する鬱蒼たる植物世界のエーテルが我々をとりまいているせいかもしれない。その植物世界で育まれた成仏という思想が無為の王であるように、この土地で眠りは、無為の王のための日々の練磨であるようにさえ見える。

最初にインドに行く前はアートやっていて、最終的には、いまの言葉でいうパフォーマンスのようなところまで行ったんですよ。インドへ行って、砂漠を二キロほど歩いたんです。そこで、土地の役人を雇って、ここからここまで歩いたっていう証明書をつくってもらって、足跡の写真も一緒に撮ったんです。それを日本に持って帰って画廊に飾ろうという気だったわけです。より自分の肉体に近い信じうる行為を純化していったということなんだけど、それでもやっぱり、アートにすぎないじゃないかっていうジレンマがあるわけです。そんなことをやってみても、あのインドでは大変、馬鹿々々しくなっちゃいますよ(笑)。ただ生きている人間がワンサといるわけでしょう。「こんなことやっててもしようがない」ということになります。それでその紙きれを破って、それからはもう、ただ、普通の旅をするようになりました。

インド、チベットに行って来て神秘を売り物にするのは一種の詐欺だね。瞑想ってのも好きじゃない。神って言葉も好きじゃない。そういう形式は信じない。座禅組んで黙ってたら瞑想かっていうと、そうではなくて、知らず知らず瞑想してたってことが日常であるじゃない。例えば、火葬なんてのを二十日位、撮り続けた事がある。焼けてるのに近づいて焔でムチャクチャ熱い。まゆげなんかがあとで見るとチリチリになっていたりね。広角を持って、頭なんか焼けてる処へ寄ってゆく。煙の中に入って行っちゃう。これを二十日間もやると死体の臭いが体に染み付いてしまう。……写真を撮ることとは関係なく、知らずに死臭がこびりつく。そういうのも、一つの瞑想だネ。知らないうちにやってるってのがいい。

人間の身体《からだ》を見ていて神々しいと思ったのは、一ぺん沈んで浮かんできた水葬体だね。水葬にしていったん沈むんだけど、沈んだあと底につかないのはそのまま浮かばないで流れる。底についたのは必ず浮かんでくるんだ。そうやって浮かんできた時の顔とか身体《からだ》というのは、不純なものがいっさい流れたような美しいものなんだね。半眼微笑の仏像そっくりな場合すらある、それが二、三日経つとだんだん膨らんできて、中の血管の血がバッーと表に出て、まるで不動明王や五大明王みたいに赤黒くなる。それからまた血が引いて漂白されたようになって行く。水に投げられたひとつの死体《しかばね》をずーっと見ていると、人間のもっているすべてが見えるよ。日本でも死ぬ時に、これは単なる比喩的な言いまわしだろうけどさ、死ぬ時に一回苦しんだか、二回苦しんだか、三回苦しんだかで、その人の生前にもっている業みたいなものが出るということを言うじゃない。それとは違うけど、水葬死体も人間のもっている生前のことを全部見せてくれるような気がするね。

犬が水葬体を食っているのを見て、法華経の中に出てくるクンバーダカ鬼をふと想像したんだ。クンバーダカ鬼は架空の生きものだから見たことはないが、そういう感じがしたんだ。それからあの現場では本に書いたことよりもっと奇妙なことがあった。広角で撮ろうと死体を食っている中洲の犬に近づいたら、そこにいた一匹が逃げたんだ。それが遠くから十二、三頭を連れてきた。砂けむりを舞い上げてね。僕がエサを取ってしまうとおもったのか、全部がうなりながらにじり寄ってくるんだよ。人間を喰っている犬ににらまれたんだから、かなり危機感を持ったね。眼を離して逃げたらワーッと襲われてやられるとおもったから、こっちも動けない。川の中洲だから人間は誰もいない。助けも呼べない。カメラを持って投げつけるような恰好しながら、それでもこれを投げたら壊れるからやめとこうとおもったりしながら、投げるものを探したわけね。そのへんは写真にも写っているように頭蓋骨とか骨がけっこうあるんだ。で、犬の目から目を離さないようにしながらゆっくりとしゃがんで、頭蓋骨を四ツくらい集めてこれをかかえて投げるかっこうをしながら、頭蓋骨もったまま少しずつあとずさりをして川の中に胸まで入ったんだ。犬は向うでウロチョロしている。ただ泳いでこようとするヤツもいてね。この時は犬畜生！　って、本当に腹が立ってね、ヤツに力いっぱい頭蓋骨を投げつけたわけ。当らなかったんだけどしばらくするとあきらめて、また向うの死体を喰いはじめてくれたんだね。こちらは川づたいに三脚のあるところまでやっと辿り着いてね、これでやっと安心してさ、この三脚を持てばこれでなぐれるから何となく大丈夫とおもったわけよ。これはあとから考えると、地獄で何かをしていたような気がするんだなあ。

私の死屍を、良い場所に持っていきたい。

一人の修行僧がバラナシの河の淵で息を引きとりつつあるのを一日中見つづけながら、私はそのように思ったことがある。河の見える聖地の赤土の上で、天空を見つめ一人印を結びながら静かに死んでいったあの男は、何てダンディな奴だ！　俺はお前の最後のダンディぶりを写真に二枚残してやった。

たとえばぼくはインドで異常死体もたくさん見て来ました。餓死のものとか、交通事故で死んだものとか、コレラとか、そういうものも見たんですが、あとから見てみるとそういうものは全然写真に写ってないんです。意識して規制してるんじゃないんだけど、『印度拾年』という写真集を作る時、ぼくは過去の自分の写真には興味ないから、人に全部渡してやってもらった。セレクトした人が「藤原の写真を見て一つ気づいたことがある。話に聞いてるレプラとか餓死とかが一切ない」と、それを聞いてぼくもその時にはじめて気がついた。そういうものをたくさん見たけど、結局シャッターは押してないんですね。その時に自然と自分で選り分けしてるわけです。死体の選り分けをね。それがぼくの最初の死体に対するモラリティだったような気がする。

ドラッグよりもえらいものというのは人間の死体の灰だね。

——ほう？

ずっと死体を撮っていてね。それまで灰は意識しなくて焼けてるものばかり意識していた。頭が焼けているとか、足が焼けているとかね。つまり生きている者の側で見ていた。それが一年くらいして、あるとき焼け残った灰の方にむしろ目が行くようになったんだ。現地に三角形のケサリダールという豆があってね。繁殖力が強くてどこでもワンサとなっているんだけど、三十年くらい食べ続けると骨が曲ったり、子供が畸型になったりするんだ。インドの畸型はわりとこのケースが多いんだよ。僕はあの当時金のない旅をしてたからこの安い豆をいつもポケットに入れて食べていた。ある時、写真撮ったあとに死体の灰を指でつまんでなぜかこの豆の煮物にふりかけちゃったのね(笑)。

——食べたの？

うん、食べていると妙な感情になって、今度は灰だけなめたわけ。

——味は？

ぜんぜんない。舌にスッと吸いつく感じがした。よく考えると灰というのは本当に変な物体だ。無色、無臭、無味でしょ。僕らが住む三次元的世界のもんじゃないんだね。そういうある種の反世界みたいなものを口の中にポッと入れたわけでしょ。その時何か、意識がポッと変ったような気がした。それがしかも人間の味でしょう。

——突然そういう衝動にかられたの。

焼けかすに興味を持ちはじめた時期からだね、初めはいたずらに豆に混ぜてやったに過ぎないんだ。ある時、その灰が妙に不思議なもののように見えて、今度は灰だけをてのひらに置いてなめてみたんだね。その時に意識が変った。もう死体を撮るのはいいなという気がしたんだね。それにハッシシとかガンヂァとか、そういう世界も別にどうでもよくなった。あの一件は僕にとっては、いいことだった。それで自然に普通の生活に戻ったんだから。死体の灰を食って、元の木阿弥になったようなものだね。

人間の骨もたくさん見てきたでしょ。人間の骨に肉がついて表情がつきますね。表情がついた人間の顔は、こちらが解釈しなくても、むこうで解釈できるように変えてくれますね。だけど頭蓋骨は全部同じですね。つまりこちらが表情を解釈するわけです。一つの観念ですけどね。最初ぼくは頭蓋骨が非常に深刻に見えた。それから六年ぐらいして、最後にチベットに行こうと思った頃には、頭蓋骨が全部笑って見えていたんですよ。こっちの解釈の問題ですけどね。それでチベットへ行って、十六、七世紀の壁画を見たりすると、ダキニという神が首飾りにしてぶら下げてる頭蓋骨が笑って描かれてるんですよ。それを見て「これはインドと違うな」と思ったわけです。ぼくが旅をしていた間に、だんだんインド的なものから離れて、チベット的な解釈のしかたになっていった、つまり最後に死体から解放されたわけですね。

インドに長くいるとだんだん虫みたいになってくるんだよ。あそこはやっぱり引力が強いような気がするのね。引力は地球上どこでも同じだろうけれど、何か土の力に引きつけられるという強さなんだろうね。だんだん土にへばってくるというか、そんな気になる。それがチベットなんかへ行くと、空の方がグッと引きつけるというか、パッと空を見ると落っこちてくる気分になるんだね。チベットには上に引きつけられる逆の引力がある。インドでは土に引きつけられる。両極端みたいな感じだね。だからインドからチベットへ行くと、ゲンゴローみたいに泥沼から空中へ飛び出るようなふたつの領域を飛ぶような感じがあるわけよ。でもね、インドやチベットの中では虫は意識しなかったんだ。むしろ日本に帰ってきてから自分が虫だったってことを感じたんだね。

長い旅は女と食べ物好きでないと続かないんじゃないかな。そう言った実感から推量して、ある時友人に、あんなに長い旅をしたマルコ・ポーロは多分すけべだったと思うよと言ったんだ。それを聞いて友人がマルコ・ポーロの史実を調べてみるとやっぱりそうだった。彼はベニスで娼婦といざこざ起こし、裁判沙汰になってやむにやまれず国外逃亡はかったんだって。すけべのなり行きで、ああいう偉大な旅になっちゃったんだね。やっぱり彼の長旅は正統だよ(笑)。

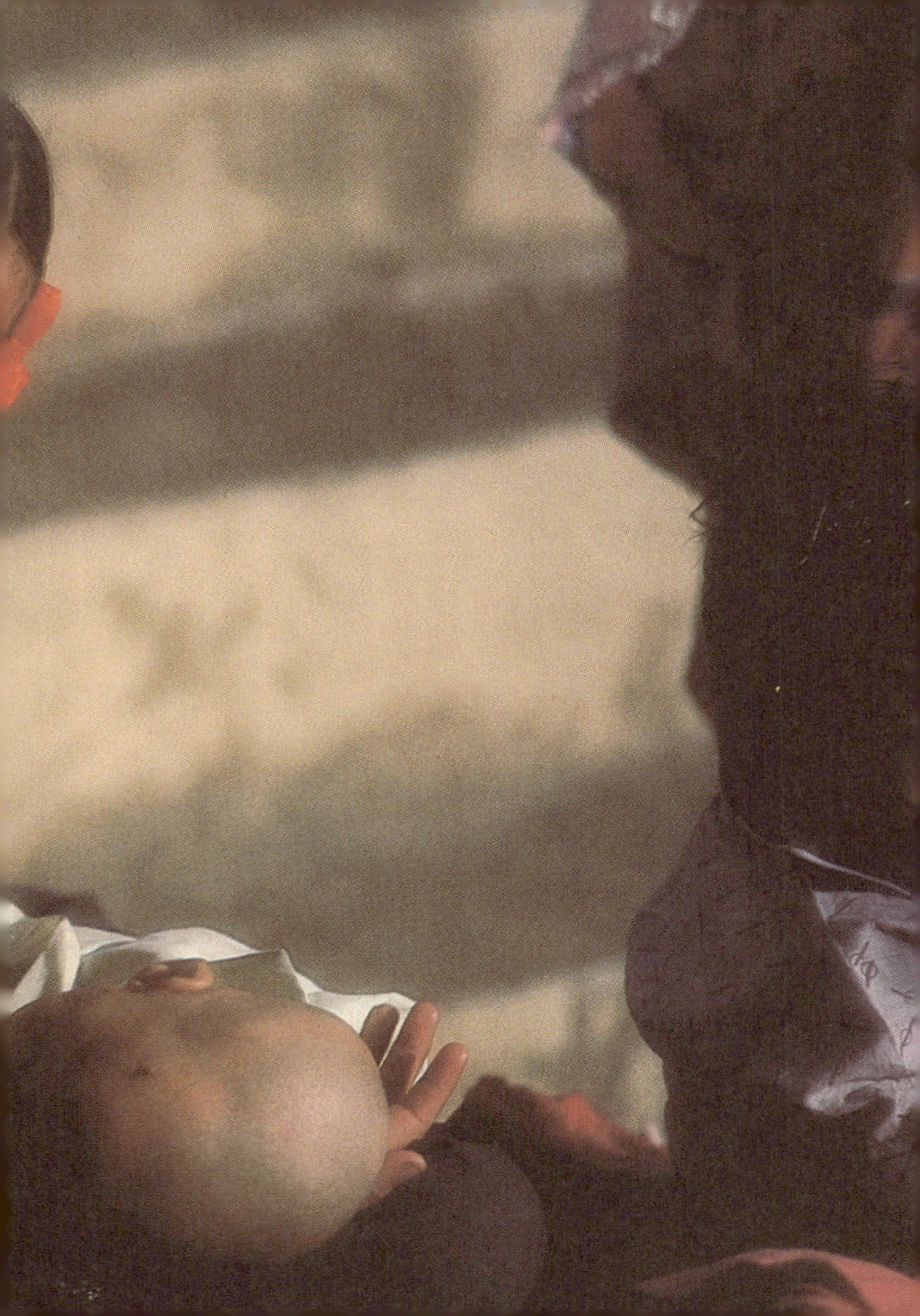

二十七、八歳ころかな……三十前のときにね、もう終わっちゃったたって感じが強かった。終わったっていいかたはちょっと傲慢なんだけど、人生をひとめぐりしたような気がして、これで終わってもかまわないって気がしたんです。

あのころは人相もすごくよかった。

ところがやっぱりまだ三十前だから、あと三十年や四十年は生きられる。まだ青二才なんだからもう一度泥をくぐって、それでまたこういう心境になればいいんじゃないかと、そう思ってまた人生を始めたようなところがありますね。……いま、ちょうど泥をくぐっているところだから、どんどん人相が悪くなっていく。悪くなる一方です。

インドはね、撮りすぎるとダメなんだ。インドってのは撮れちゃうから。まわり三六〇度ぐるりと一回転して三十六枚押したら、一本フォトストーリーができてしまう。だからインドへ行った人の写真ってのはみんな同じになる。写りすぎるってことは、全部撮ってもダメということなんだね。インドは「何を撮らないか」というマイナスの作業でしか自分の視点が出てこないのね。加算社会というかプラス信仰の社会から行った人からは、撮らないということも表現であるという発想がなかなか生まれない。

ダダイズムにしてもミニマムアートにしても、これまで人は観念や意味の呪縛から何度も逃れようとして来ましたね。知性が肥大化する時代には必ずこれが出てくる。七〇年代の写真にもこれがあった。「あるがまま」というやつですね。そんな聞こえのよい言葉にかなり迷わされた時がありましたね。写真というのは、何を対象とするかということであって、花を写すにしても死体を写すにしても、ぼく自身あるいはその写真を見る者に対するいけにえなんです。たとえばいけにえをする祭司は、ある種の意味性、観念とか思想を持ってるわけですね。それと写真とは似ていて、花を摘む、あるいは死体を摘む時、それはぼく自身の観念や思想を介在させたいけにえですから、あるがままなんていう世界はそこにはないわけです。

『逍遥游記』はワラバン紙に書いたので、ずいぶん編集者が苦労したようです。『印度放浪』と『西蔵《チベット》放浪』は原稿用紙とワラバン紙の両方に書きました。ワラバン紙はインクがくいこむでしょう。ああいう紙が好きな時期があったんです。マテリアルというのはぼくの場合、書くものの内容とかなりかかわっていると思います。紙の質っていうか、ひょっとしたら絵をやっていた時期の影響かも知れませんね。絵というのは描く素材や対象によってカンバスの質とか目を変えるでしょう。

『印度放浪』や『逍遥游記』を書くにはワラバン紙がいちばん合っていた。『全東洋街道』は締切りがあったからちゃんと原稿用紙に書いたんだけど。

街で魑魅魍魎に出会えるとこと言ったら市場だ。目に見えないけどあたりじゅうに火の玉がバンバン飛んでいるし、地獄の湯気はあがるは、天国の花の香気が漂うは、豚の精、羊の精、魚の精、白菜の精、ニンジンの精、生気、死気、入り乱れて、ちょっとそのあたり空気が高揚している。〝市場があれば国家は不要〟などということを『全東洋街道』に書いたけど、市場はやっぱり治外法権のまかり通るところが面白い。管理された市場としてのスーパーマーケットの出現は、街の魂と魑魅魍魎を封印しちゃったね。

――藤原さんの写真にはたしかに物は写っていますが、それは自分の眼の中のスクリーンと外の世界の被写体とが二重に写っているような感じですね。私たちが使っているのと同じカメラでありながら、どうするとそういうように写るのか。この世でないものがファインダーの中にどうして写りはじめたのか、ということを聞きたいですね。

それはむつかしいな。たまに同じようなことを聞かれることがあるんだけれども……たとえば今言われたことは、この世界のポジの姿が写真に写るというものの現れ方が一般的な写真だとすれば、僕の場合はその裏っかわのネガ世界が写っている、という言い方になるのかな。それは何故かと問われてもそのように写ってしまう、としか言いようがない。もし無理やりそれを説明するなら、こんな言い方もあろうか、と思います。たとえば三十五ミリカメラの場合、左の眼で撮るか右の眼で撮るかという単純で現実的な問題があります。

普通プロの人でも自分が左の眼で撮っているか右か自覚していないことがよくあるんだけど、僕は右と左では眼の持つ思想が異なるんじゃないかと考えています。普通はだいたい右眼で撮るというのが標準ですね。そのようにまたカメラは出来ていて、巻き上げのレバーも左眼で撮ると顔にぶつかってしまう。ところが僕は徹底して左眼なんです。最初から……。

人間には利き眼というのがありますね。僕は左の方が利き眼でありながら左の方が弱いんです。つまりからだの生命力が右と左でちがうなということを僕はインドに居る時に自覚したんだけど、僕の場合、左の方が確実に弱いとわかったわけです。僕の親父は今九十二歳で体型も性格も僕そっくりなんだけれども、見ていると左半身から死んで行ってるなとわかります。左の機能の方がどんどん衰えていってます。僕は自分の何十年後かの姿をそこに見ています。つまりここに僕は左の弱い方の眼で撮っているという事実がある。しかもそれが利き眼になっているわけです。これは興味深いことだ、と自分では思っています。先に死ぬ方の眼で撮っているんですね。

——藤原さんの目指しているトーンみたいなものというと……?

一言で言うと闇だネ。物が見えるっていうのは、光と陰があるから見えるんだみたいな考え方があるけど、それは浅いんだよネ。光も陰も無くなって闇の状態に近くなっている処を撮れれば、それが一番存在感があるわけだ。

第一章

GOVERNOR

昨日への旅

巷の人々がそろそろ眠りにつこうかという、大みそかの夜十一時、定刻をはるかに過ぎて、巨大な蒸気機関車の引っぱる二十数両の客車は、三十ワットぐらいのうすぼんやりした電燈の光を窓の外に落しながら、ボンベイからデカン高原の茫漠たる闇へと突っ込んで行ったのだが、一時間走っても、車内は外の闇とは裏腹に騒然として、まだあのボンベイ駅での気違いじみた闘いの尾を引いていた。

ボンベイの駅は、ぼくが旅行中出会った、いかなる他の駅での混乱よりもすさまじいものだった。ホームにあふれた人々は、それぞれ自分のからだと同じくらいのトタン板でできたゴツゴツしたトランクを、通常一つから、ひどいのになると三つも四つも持っており、そしてそのうえ、だれもが部厚い敷きブトンを持っていた。予備知識のない者がそれを見ると、集団で夜逃げをはかっているのではないかと思うだろう。

マドラスまで二日もある長旅に備えて、だれもが良い席を獲得しようとするため、入口付近は地獄を見る思いであった。ぶつかり合い、ののしり合うなかで、強い者は弱い者を突きとばし、突きとばされた弱い者はハタとよろめきながらも、いま、はいろうとする強い者の持っているフトンに非凡なるしつこさでしがみつき……ふたりのやりとりのスキをついて、少年が股ぐらからはいり込もうとすると……いささか分別をわきまえた紳士が足をひっぱって少年を制し——すると少年を前線に送りやった親どもが紳士にがなりたて、けたたましい口論となる。

ボンベイで降りる客がまだ何人も這い出そうとしているが、乗る者は降りる者を無視して自分勝手にやっているので、すべてがいっこう進展しない。このような不幸な闘いを続けているため、車内はまだガラガラなのであった。鉄格子のはいった窓からのぞくと、それでも何人かの幸運な連中が、自分の持ち物を目いっぱい席の上に広げて、外の混乱ぶりをうかがっている。窓の方にも人が鈴なりになって、中の者にあの手この手をつくして席を確保してくれるよう頼んでいる。

ホームではほとんど絶望的な、赤子を含む十二、三人の一家族が一丸となって人波をかきわけ、ホームの端から端へとかけずり回った。

物売りは物売りで、彼らの生活のため一所懸命に、しおれかかったミカンや油で揚げて黒ずんだカリフラワーや、その他いろいろなものを、あの独特のダミ声をはり上げて売っている。人の荷物を一見不可能なほど頭に積みあげ、しかも両手に持てるだけのすべての物を持った痩せた駅のクーリー（運び屋）たちは、荷を頭から落すようなことでもあれば、それこそ彼らの職能に対する恥を生む結果となるので、前を遮るいかなる人に対しても、速やかにそこをどいてくれというような〝チョロチョロ〟(ホラどけホラどけ)というあの警告を発しながら、騒然としたホームの上を、かなり錆びてはいるがまだけっこう戦争に使えるような軍艦のように、行ったり来たりした。

戦場に行った者が、それぞれ彼らの行先に何があるのか、一度は考えて見るように、このホームにやって来た者も、列車の行先に、この闘いの激しさに見合うだけの幸福が待ちかまえているものか、いま一度考えてみる必要があった。

ぼくとしては、南のマイソール近辺で行われる象狩見物に出かけるという、なにかどうでもいいようで、やっぱりこれを見ると、なんとなく満たされるような気分になっていたので、戦列から身を退くわけにはいかなかったのである。

切符を買ってから、この混乱に直面したぼくはすかさず、このさいぼく自身が捜すべき人物を捜した。その人物は、なにより若いということが条件だった。おまけに力持ちで……だけれど、しなやかな身のこなしを必要とした。そして〝動き〟というものに対する的確な判断と恐れのなさ……すなわち勇気、そして経験。最後に、なによりも彼自身の仕事に対する誇り。

つまりぼくは、それと見た若い駅のクーリーに五ルピー札を示して、はいって来る汽車にだれよりも早く飛びのってくれ、と頼んだのであった。年のころ二十七、八、南方系の比較的小柄な色の黒い青年だ。一見、その容姿は貧弱に見えるが、しまって光をはね返す額は一文字につながった濃い眉の上にあって、どことなく気品と誇りを湛えているように思った。ぼくはそれに賭けた。

「君は是が非でも席を取らねばならない。席を取ったら五ルピー、もし二段目にあるベッドを取ったら八ルピー、やりそこねたら二ルピーだよ」

青年は無言のまま、切符の二等であるのを確かめ、頭上にリュック、左手にその他の荷物を持って、ホームのいちばん先の方へと足ばやに向った。荷は持たなくていいといっても、彼は頑としてそれをこばみ、ぼくの手になにものをも残しはしなかった。

どでかい機関車が、あの圧倒するような車輪や蒸気の音とともに、相当なスピードでホームにはいって来たとき、闘いの時は告げられた。人々は騒然となって右往左往した。

この混乱のなかで、ぼくはただじっと青年のやることに目を据えた。彼は危いほど列車に接近している。ゴーッと、三、四両の客車が彼の前を通り過ぎたときだった。突然、彼はなにやら口走った。ぼくの方をチラリと見たような気がした。と、今まさに彼の前にさしかかろうとする客車を指さし、すでにそのときには猛烈なスピードで走り出していた。

客車の壁に「2」の字が読めた。まさにそれがわれわれの攻撃すべき目標であった。ぼくも、ホームの反対側の人気の少ない方に行って、力いっぱい走った。彼の頭上のリュックは、恐ろしいほど彼の頭にくっついて離れない。背の低い彼のからだはすっぽり群衆の中に隠れ、飛び出したリュックだけが、物の怪《け》のようにツツッと走った。二等車の後ろのほうの入口がそのリュックを追い越そうとするときだった。彼の黒い右手が入口の手摺にサッとのびた。ぼくは、そのとき彼がなにをやろうとしているのかわかった。

〝危い！〟と思った。

しかし、それはあまりにしなやかな身のこなしであった。そして果断であった。ぼくはそのとき、一個の人間の生き方をまざまざと見せつけられたのであった。彼の競争者や、その他のすべての人をしりぞけて、あのドラビタ族の末裔がスックと入口に立ち上がったとき、その肉体は他の群衆からはきわだっており、なにかそれは荒れ狂う黒馬の上に乗った騎士のように、あざやかに走った。黒い巨大なものが、ガギューンと、きしむような音とともにその疾走をおさえつつあるとき、それはひとり彼のたくみな綱さばきによるもののように思えた。ぼくはある種の体温の形式に似た感情のこみ上げるのをおさえつつ、あの貧乏な若い騎士のあとを「アーツルピア（ハルピー）、アーツルピア」と叫びながら、人波をかき分け追っかけた。

翌朝の九時過ぎ、昨夜の闘いで最も高い勝利をおさめた者の場である、上段の木のベッドの上でぼくは目を覚した。そして下の窓ぎわの席の者と場所を交代して、マイソールに行くための乗換地点であるグンタカルまで、外の景色を楽しむことにした。

しかし、一時間も走ったころ、それが失敗であることに気がついた。窓の外にひらける風景は、まったく楽しむに値しないものだったのである。ぼくは、勝利者の席を譲り渡したのを悔いたが、すでにその幸運な者は高いびきであった。しかたなく、ぼくはショボショボと目を半分開いたまま、神々の創り給うたうちでも最もアイデアの不足した、くそおもしろくもない、その単調な風景を、右から左へと流しやった。

どのくらい、うとうとと浅い眠りの中に遊んだであろうか。ふたたび目覚めたとき、すでに日はやや西寄りにかたむき、冬だというのに、刺すような陽差しがしたたか額を打ったと見え、そこは玉の汗だった。単調な風景はまだデレデレと続いていた。上着をとり、汗をふいた。それから、ちょっとあわてて自分の荷物を確認する。無事だった。ホッとして、また坐りなおす。相変らずゴトリゴトリとシリに響く車輪の音。前に坐っている男の顔を見る。りっぱなジョンブル髭だが、右方の鼻の下に直径一センチくらいの天然痘かなにかの跡があるので、そこだけ毛がはえていない。最初は楽しめた……しかし、これももう見あきた。そして、もういいかげん眠るのにもあきた。腹がすいているかどうか確かめる。食欲もない。しかたがないな……と思った。窓の手摺に両腕をすえてアゴを乗せる。そしてまた……風景を見る。

なにも説明したくないような特色のない地平線、青い空に風呂屋の壁にペンキで塗りたくってあるような、投げやりな雲……栄養のない赤土に、花の咲かない草。ほかになにがあるかと言えば、ヤシの木。ヤシの木なんてのは、北からやって来て最初に見つけた二、三本はまだ人の目を楽しませるが、こうして百本も二百本も見ていると、これほど殺伐とした創り物もほかに例がない。

バカバカしい、こんな単調な風景が何十時間も続くなんて、ちょっとどうかしている……。だが……いつしかぼくは、じっと、じっと、この風景を見すえている……いつのことだか、もうさめてしまって冷たくなった、皆目わけのわからぬあるひとつの記憶が、肉体にじわじわと浸透し始める。その冷たいものはふたたびあたためられ、体温の域にまで近づいて行く。ぼくの嗅覚に、あの何かがにおった。

ひとつのミステリアスな事件であった。

……なにもかもが同じであった。

二年前、やはりぼくはここを通過した。ぼくが知覚しうるすべてのもの……その細部にいたるまで、なにもかもが二年前と同じであった。ぼくは徐々に徐々に、二年前のぼく自身へと癒着し始めるのを感じた。

そのとき、風景はぼくの所有した時間とけなげな進歩を破壊しつつあった。

ぼくは、自分が二年前と同一のものであってはならぬ……拒絶せねばならぬ、と思った。屈辱を拒否せねばならぬと思った。だが、この汽車はいったいどこへ向って走っているのか……

この汽車は、ぼく自身の過去へ向って走っているのではないか。

殺伐として。ちょっとユーモラスで。人をあざけるような。まだたくさんの希望があるぼくにとって、そこがなにか地獄のようで。にもかかわらず、それは数万年分の安らぎを与えてくれるような……奇妙な《場》に向ってその汽車は走っている。(最後に一つつけ加えると、ヒンドゥ語の〝カル〟という言葉は明日をも意味し〝昨日〟をも意味する)

さらば、カシミール

くだけた話が、この旅行に関して、ぼくはあまり努力しなかった。出発前に何をやったか、というと、パスポート申請と、それに「写真があれば旅費のたしになるぞ」と言う友人の忠告に従って、カメラの扱い方を習ったのと、特に用意したものは地図、水筒、中学生の時に使ったリュック、ゴムゾウリ、黄色い海水パンツ、コウモリガサ、少しの薬類、まあそんなところで、それも出発の四日前にかき集めたものばかりだ。

インドに関するぼくの知識といえば、一ルピーは四十七円、それに一ルピーは百パイサであるということだけが、確実な知識であって、他の知識といえば、小学生のころ、石頭の友だちがいて、それをみなが「インド人、インド人」と言ってからかっていたので、いつの間にか、インド人は頭の骨が堅いのである、という定説がぼくの中にできあがっていて、これはまったく知識と呼べるものではなく、幼稚で、バカげた、ひとりよがりの想像にすぎない。

ぼくが考えているインドの国は、およそ、こんなにろくでもないものばかりの寄せ集めで成り立っていたのである。しかし、ぼくをインドに駆り立てたものは、教科書や、観光本ではなく、この幼いころから飼育された、ろくでもないものたちにほかならなかった。そんなろくでもないものは、大変バカげていて、少し魅力的だったわけである。

だから、最初にニューデリーの真中にほっぽり出されたとき、べつにこれといった計画があるわけではなかった。五日ほどニューデリーで過ごして、そろそろどこかに移動せにゃなるまいと、六日目の午後、ぼくはオールドデリーのレッドフォートという城跡の広っぱに、地図を広げて、あれこれと思案していたが、十分もたたないうちに、ぼくのまわりには見物人が集ってきた。

ちょうど、リュックサックの中には、中近東の旅を共にした友人たちが、別れるときにくれたガラクタがたくさんつまっていたので、このガラクタと見物人の予期せぬ出会いを逃すこともあるまいと計画を一挙に変更、ガラクタのたたき売りを始めることにした。雨ガッパ、固型燃料、カミソリ、ナイロン製ポロシャツなど、並べ終って、言葉が通じないのがかなりあるので、品物を一つ一つ指さして、「トーキョー、ジャパン、十ルピー」「トーキョー、ジャパン、五ルピー」と言って、値段の上には必ず、トーキョー、ジャパンをつけ加えた。

このトーキョー、ジャパンは、少し奇妙な結果をもたらした。品物がまたたくまに売れてしまったこと、それに、あまり高くは売れなかったこと、この二点においてである。

中でも、〝変な感じ〟というのが一つあった。それは、売るでもなしに、蚊取線香なる左巻きの一巻を点検していたときだ。集まった人たちは、何とはなしにそれに興味を示しはじめた。

そういえば、これはどことなく人の興味をひくような形をしている。

「キャー」「キャー」。みんな口々にそんなことを言いはじめた。「キャー」というのが、驚きの表現にしては、みなあまりにも驚いた顔をしてなさすぎる。中には笑っているものもいる。ぼくがキョトンとしていると、そのうちに木綿のサリーをかぶった、男のような顔をしたオバサンが、ぼくのそでをつかまえて「キャー」と、じれったそうに言ってきた。英語がわかるものに、「キャーとはいったい何だ」と聞くと、「キャーとは、ヒンドウ語で、〈それは何か〉という疑問の言葉である」と、ていねいに教えてくれた。

インドに入ってから、ずいぶん蚊に悩まされていたので、そのとき、蚊取線香は、ぼくにとって、非常に貴重なものとなっていた。「これは売らない」と言うと、悪いことに、なおさら興味を持ちはじめて、中には「さっき買った靴のひもとかえてくれ」と言うのも出てくる始末なのだ。

この調子では、今まで売ったガラクタが、また、舞い戻ってこないとも限らない。ぼくは困った。みな、ザワザワしはじめた。大道の香具師《やし》が、変な品物を売ったあと、客にざわめかれたら、きっと、こんな気持になるであろう。別に不当な品物を売ったわけではないが、外国で税金も払わず許可なしで商売はできないことぐらい、ぼくも知っている。そのうちに、この中のだれかが、あのカマキリのような感じの、背が高くて、傲慢なポリスを引っぱってこないとも限らない。

ぼくは決着を早くつけるために、ちょっとした名案を思いついた。「危い！」ぼくは大声でどなった。蚊取線香のウズ巻きを慇懃《いんぎん》につまみ出し、目の前にぶらさげて、こう言った。

「これは危険なものである」

英語のわかるのが、周りのものに、コソコソ何か言っている。ぼくの神妙な面がまえも手伝って、どうやら成功したらしい。みながちょっと買う気をくじかれたところで、手早く荷物をまとめて、売上げの四十六ルピー五十パイサをポケットに突っ込んで、二、三人と握手をして、後ろからついてくる子どもたちを追っ払い、追っ払い、その場を立ち去った。

思えば、蚊取線香が変な形をしていて幸いした。滑稽に見えるものは、しばしばそれが不思議に見えたり、危険に見えたりするものなのだろうか。インドのコブラだって、滑稽な形だと言えば言えないことはないのだ。なぞと考えながら、今度は当初の目的を果たすために、他の場所で再び地図を広げていたら、またすぐに人が集ってきた。

「インドのどこが良いか？」

物を知っていそうな赤いターバンの男に聞くと、即座に彼は、西パキスタンのペシャワールあたりを指さして言った。

「カシミールに行きたまえ。そこには山があり、雪があり、美しい湖がある」

彼は名調子で、わかりやすい詩をかなでたのであった。ぼくは吹き出しそうになるのをこらえて、彼と握手をして別れたが、それからぼくがどうしたかと言うと、やっぱりカシミールに行くことに決めたのである。

翌朝の六時ごろだ。長い旅をしたことのある人ならよく覚えているだろう。あの旅の終りの安堵と、出発のためのかすかな興奮の入り混ったざわめき、ぼくはそんなざわめきの中で目を醒した。終着駅パタンコットが近くなった。汽車は昨日と同じ調子で、まだゴトゴト走っていた。朝の光が、三等列車の中を照らしはじめたとき、突然、美しいといえる光景が、そこにあった。

ぼくは寝ぼけまなこで、その質素で素朴なものの美しさに、少しの驚きを覚えていた。こんな〝驚きの朝〟は、長い旅を続ける人にとって、欠くべからざるものだろう。

パンジャブ州のパタンコットに着いたのは、それから半時間ほどたってからのことである。パタンコットは、インドのどこにでもあるような、ありきたりの一つの小さな町にすぎない。カシミールの首都スリナガルへは、ここからバスが出ている。だから、スリナガルへ飛行機以外の乗物を使って行く人は、およそこの特性のないパタンコットという町を一度は踏まねばならない。乗換地点という名を背負った町の悲哀とでも言おうか。そこはスリナガルへ行き交う客目当ての、ちょっとしたからさわぎによって支えられたような、そんな特性のない町である。ぼくは、この町の裏通りにある、これまた特性のない風貌をしたオヤジの経営している、一泊二ルピー（九十四円）の安宿で、三日ほど寝起きした後、たぶん南京虫であろうと推測される動物と連れだって、スリナガル行きのバスに乗った。

スリナガルに着いてバスから降りようとすると、バス停の人波の中から、突然こんなかけ声とともに、一人の人間がとび出して来た。まるで本当の兄弟のようにぼくの肩を抱きすくめる。四十歳ぐらいの、カシミール人にしてはあさ黒い肌を持った、ドゴールのそれに似た鼻を持った男だ。

「よう、兄弟!」

ぼくは、こんな奇妙な兄弟をもった覚えはない。

「兄弟なんかじゃなーい」

突っぱねるように言うと、「マイ・ディア・フレンド」(私の親しい友だち)と言って、またぼくの手を握りしめる。

〝親しい〟だけよけいだが、別にぼくもこの男にうらみを持っているわけではないので、深く考えることはよして、彼の言うままにしておいた。

さて、ぼくは、この親切な男の言葉を、ひたすら信じ続けて、えらい目にあった。

第一、彼の案内してくれた、一日十ルピー(四百七十円)で、西欧タイプ、インドタイプお好みの、三食つき、ベッド完備、バス・トイレつき、湖に浮ぶ豪華ハウスボート、「キング・オブ・インディア」(インドの大王)という名称のホテル(?)は、きわめて大幅に、ぼくの夢を打

ち破ったのであった。

彼が、前口上の最後にうたうように「キング・オブ・インディア」と力をこめて言ったときには、これまでの耐乏生活に、少し気持がすさんでいたぼくは、彼を兄弟にしてやってもよいような気になっていた。

ところが、実際はベッド不完備、バス・トイレなし、川に浮ぶ泥船、おまけに、ぼくの部屋にはじいが一人いて、これがボーイ兼コックで、食事どきにはなかなか作ってくれず、言葉が通じないので、ぼくが物欲しそうな恰好をすると、「おまえ、やっぱり食べるか」という顔をして、ゴソゴソと船から岸に這い上がって行って、三十分くらいして帰ってきて、石油コンロで湯を沸かし、外からもってきたジャガイモを二、三個ゆでて、ゆで上がったジャガイモを棒でこねてグシャグシャにして、それからアルミの皿に盛って、その上に、いつも部屋のすみっこに置いてあるカメの中から、赤茶色の液体をすくってきて、バシャッとかけるのである。

ぼくがそれを食べなかったかと言うとやはり食べた。じじいの見ていない時に、日本からもってきたマヨネーズをすばやくこね合せて、食べた。

このボート小屋には二泊したわけだが、出発の際、部屋の中でじじいが名残り惜しそうにしょんぼりしているのを見て、まがりなりにも二日ほど同じ部屋で生活をともにしたぼくとしても、少しの親しみを覚えて、一ルピー(四十七円)という大金をプレゼントしたのであった。

それに、ぼくに兄弟と呼びかけたあの調子のよい男に、契約のときに渡した二日分の二十ルピーは、ほとんどあの男が着服しているらしい。

じじいは、「キング・オブ・インディア」と小さく書いた看板の前で、笑いかけるでもなし、手を振るでもなし、ぼくの姿をいつまでも根気よく見送っていた。


《スリナガル》ここはあまりにも悪がしこい商売人が多すぎる。要するに、ここはインドにおける唯一の避暑地であり、毎年南から避暑にやって来るインド人は相当裕福な人々なのだ。その中にときどき金持の外国人もまじっていて、そんな外国人の中に時たま、ぼくのような変な外国人もまじっているというわけなのだ。

どこから見ても、お金を持っているふうには見えないぼくのような人間にさえ、カシミール商人はたかって来る。カシミール・カーペット、カシミール・ショール、宝石、毛皮、木工品など、どうやら彼らは、自分の家の倉の中に、そんなものをためこみすぎているのだろう。

ぼくは、ハエのようにうるさい彼らから逃れるために、さらに北へと進んで行った。次にぼくが訪れたパハルガムという名の村は、スリナガルの北東、バスで約半日の所にある。ここでもまた、ぼくの前に変な男が出て来たのである。

「雪山にのぼりたければ、馬とテントに食糧、馬引きとガイドを集めてやる」

と言うのだ。どうせインドの北に来たのだから、カラコルム山脈の近くまで行って、そのへんの原住民といっしょに生活してみようと思ってはいたが、くわしい地図もなければ、山の装備もなくて、あきらめかけていた矢先のことだ。次の日の朝、その男といっしょに、ガイドと名のる男に会って、いろいろ聞くと、かなり信用できる話なのだ。

ぼくは決心して、ポニーという、ロバと馬のあいのこのような動物を二匹、馬引き一人、ガイド一人、クーリー一人と、百キロ近い食糧や装備を用意してパハルガムの村をあとにした。

行程約一カ月、総費用千四百ルピー（六万五千八百円）。けっこう安いが、ぼくにしてみれば、インドの旅の大半はこれにかけたといってよかった。ガイドの話では、この行程は少し危険だと言うが、「もし無事帰れたら、二百ルピーのチップを渡す」ということにして、話がついたのだった。

ぼくのこの誤算はちょっとした不幸から起ったものだ、といったら笑われるだろうか。パハルガムをたってから二日目のテントで、奇妙なことが起ったのだ。ぼくが寝ようとしているところへ、例の三人がやって来て、「二日目の賃金をくれ」と言う。「冗談じゃない、おれはあの男に千二百ルピー、君の目の前で払ったではないか」と、ガイドに言うと、「何も知らない、おれたちはもらってない」と言う。

どうもこの三人の実直ぶりからみて、うそをついてる様子はない。

〝ちきしょう、あの野郎、だましやがったな〟

ぼくは、三人に何とかこのことをわからせようとしたが、ぼくが何とかかんとか言ってお金をいっこうに出さないので、そのうち、三人とも不信の目でぼくを見るようになり、ぼくが弁解するごとに、その場は、険悪な空気になって来た。

「金は出す。しかし、今は暗いので、明日の朝にしてくれ」

その時、ぼくのふところには、あと二カ月、インドで生活できるか、できないかぐらいの金があるだけだ。この行程を途中で打ち切るなら、あとの百ドルで、ぼくは二カ月半をインドで生活せねばならなかった。


その夜、ぼくは彼ら三人が寝静まったところで、自分の荷をリュックにつめて、テントをぬけ出した。月が明るい。太い木の下にドンゴロス（南京袋）のようなものをたくさんかぶせた大きな固まりがあった。それが、彼ら三人であった。馬が原っぱのほうでポツンと立っていた。逃げないように、前足同士を綱でしばってある。雪どけの川の音が、ゴーッと遠くのほうで鳴っていた。しびれるように寒い。

ぼくは毛布を破って穴をあけ、首と腕を通して、上半身にまきつけ、縄でしばって、リュックをかついで、帽子の上からバスタオルをかぶって、タオルの端っこを首のまわりに突っこんだ。

自分でも、これはあまりにも滑稽な姿だ、と思った。しかし、夜逃げとは、だいたいこんなものだ。夜逃げするのに、スマートな恰好をするのは、先代の遺品を売りつくしてしまって、メシの食いあげをやってしまったイギリスあたりの没落貴族のやることで、ニッポン人の夜逃げは、これでよいのだ。

逃げるといっても、ぼくの場合は、あの金をごまかした野郎を追っかけるという意味も含んでいるので、一人の人間が、逃げることと追っかけることを、いっしょに背負った奇妙な立場にあるのだ。

寒さのことは、気にしなくてよかった。速足で歩いているうちに、汗をかくほどになったからだ。

しかし、ぼくには、誤算があった。意外に道のりが長いのである。そして、来たとき思ったほど道らしい道ではなく、二時間ほど歩くと、完全に道に迷ってしまった。

そしてまた、このときぼくは、はじめて、大きな山というものが、恐怖をもって迫って来ることを経験した。山は、ゴーッと音を立てているし、それにこのへんの山は、クマとかヒョウが出ると聞いていた。ぼくは、トルコのアンカラで二十ドル払って買った護身用のショットガンをリュックから取り出し、弾丸をつめ、腰にぶらさげることによっていくぶん落着きをとりもどした。

しかし、ぼくは結局不安になっていたのだ。それが証拠に、この何か巨大な生き物のような山の中で息をしている一匹の非力で気の弱い自分のほかに、もう一匹の動物を見つけた時は、それが何かかけがえのない兄弟のように思えて、ぼくは、息せき切って近づいて行ったものだ。

その動物は、山下りする際にとり残された一匹のコブ牛だった。この牛のシリを突っつけば、きっと山を下って行くに違いない、と思って、ぼくが山岳民族がやるように小枝でつつこうとすると、牛は恐ろしいものでも見たように走って逃げて行ってしまった。この牛の裏切行為で、ぼくはまた少なからずショックを受けた。しかし、しばらくして、その牛のお蔭で、白いペンキを塗りたくった石を見つけることができた。それは山岳民族が、村が近いことを示して置く里程標なのだ。その頃は、もうあの男から金を返してもらうことなど、どうでもよい感じであり、無事に村にたどりつけるかどうか、ただそれだけが問題であった。

ぼくはあまり何も考えず、汗が冷えない程度に、休み休み、山を下って行った。月の光は明るく、遠くの山の色さえわかるほどだった。ぼくは、自分の青い影を見ながら、ただ淡々と歩いた。途中で、リュックが肩にくい込んできたので、ゴムゾウリや鍋などを谷に拋り投げたりしながら歩いた。

鍋の落ちて行く音がコーン、コーンと谷間にこだました。

コブ牛と別れて、五時間ぐらい歩いて、まったく疲れきって、小高い見はらしのよい所で休んでいた時のことだ。ぼくは二キロぐらい離れた東の下方の谷間に、何かを発見した。その黒く散らばった小さなマッチ箱のようなものは、目をこらすにしたがって、徐々に明瞭なものとなった。そして、それがあのパハルガムの村であることが理解できるまで、そんなに時間はかからなかった。

少年

マドラスの《エベレスト》という四階建てのホテルの屋上に勤めている少年は、その名を、おそらく生涯うだつの上がらぬ親が憂さばらしのためか、あるいは本当に我が子の行く末を願ってか、何やらとんでもない輝かしい単語で綴っていたが……少年は、その名前のあることが痛ましいほど、報われぬ日々を送っていた。

だから、かつて誰か思いやりのある人が、〝パル〟とあだ名したのだろう。

今では、階下のフロアーに勤めている、彼より階級が上のボーイが、〝パルッ〟と威嚇するような調子で呼ぶと、少年は運びかけのバケツを床に置いて、いそいそと階段を降りて行く。

ぼくは広い屋上の隅っこにしつらえられた、急ごしらえの汚い部屋に住んでいたから、この少年のやることは、毎日それとなく見ていた。

押しつぶしたような小さな体の上に、十四の年に似合わず、目尻と額にシワの入った、妙に大人っぽい顔がくっついていた。何か不満げな口の出っ張りが、そのまま表情の一部となって定着しており、たとえば、ぼくが使いかけのタオルをプレゼントした時も、彼はその表情をときほぐさなかった。何年前に支給されたものか、ボーイ服はすでに方々がほころびていて、裾の方などは汚れがこびりついて、彼のいつも持って歩く便所掃除用のバケツと同じような色をしていた。

彼は屋上にいつも一人でいた。そしていつも、細々《こまごま》と何か仕事をしていた。朝の六時頃、ぼくの寝ている部屋の前を、ヒタヒタと裸足の音が何度も往復すると、彼のぶら下げて歩くバケツが、キーキーいった。

そして、便所の屋根にある水洗用の水槽に、何杯も何杯も水を送り込んだ。それが終ると便所の掃除。そのやり方を見ると、彼の無能ぶりは明らかなものだった。送り込んだ水槽の水を、掃除のために何回も使ってしまうので、屋上の掃除が終る昼頃になると、また便所の屋根に、せっせと登らなくてはならない。

砂でガジガジいう二枚のチャパティと、カレーで煮込んだわずかばかりのショボくれた野菜を、交互に食って、ささやかな昼食が終ると、彼は屋上の掘立小屋（つまりぼくの部屋）の壁と外塀の交わる、あまり人目につかないふところをいつも休息の場に選んでいるようだった。

ぼくはこの少年をあまり気に止めてはいなかったが、どうも、彼が仕事をしていない時に坐っているその隅っこには、近寄り難い気がしていた。

三十分ばかりの休息が終ると、その頃から頻繁に、階下のボーイが〝パルッ！〟と、またいつものように彼をこき使い始める。

一日の仕事の大半が終る、午後六時頃になって、この少年は、ちょっとぼくの気持に触るようなことをやった。別に、何かしでかしたわけではないが、ぼくはそんな少年の姿を、いつも鉄格子の入った窓越しに、ちょっと不思議な気持で眺めていた。

仕事の終った少年は、いつも放心したように、屋上の縁にじっと突っ立っていた。

その後ろ姿は、やはりいつものように、大きすぎる半ズボンの裾から、外側に少し彎曲した、短くてとても不格好な二本の足が出ていたし、左右から圧迫して、つり上がったようになっている狭い肩の上には、不相応に大きなオニギリ型の頭が、やや右に傾いて乗っかっていた。

しかし、仕事を終えてじっとたたずむパルの後ろ姿は、いつものように滑稽には見えなかった。そこには、妙に人の気持をそそる、何かがあった。ぼくはその時、その少年の後ろ姿を見ながら、何だか自分の後ろ姿を見ているような錯覚に、とらわれたのだった。

そして少年が、つぎに何をやったかというと、彼は彼の構築した小さな世界から、小さな鉄砲をかつぎだして、屋上を走り回ったのである。

〝タン！　タン！〟と彼が口で言うと、その声はまだ声変りのしないソプラノだった。

無数のカラスが、〝ガーッガーッ〟と、夕焼けの空に舞った。

少年は、ありあわせの木片で作ったオモチャの鉄砲で、ことごとく、その空に舞う無数の黒いものを狙い撃った。

ぼくはその光景を、部屋の中から窓越しに眺めながら、いったい、それが単なる子供の遊び事か、恐るべき悪魔が彼の身体に宿ってしまったのか、それとも、彼の胸の内にうっ積した感情の吐露したものか、判断に迷った。

少年はいつも夕刻になると、〝タン　タン　タン！〟と言いながら、何羽ものカラスを撃って、屋上を走り回った。

この少年の奇妙な仕種に関して、それ以上ぼくは干渉しなかった。そして、そんな日々を重ねるうちに、ぼくには確実に理解のいくことが、ただ一つだけあった。それは、この少年の発する高い声が、生きものを殺すという行為に関して、まったく無知なのだと思えるほど、美しく澄み渡っていたことであった。

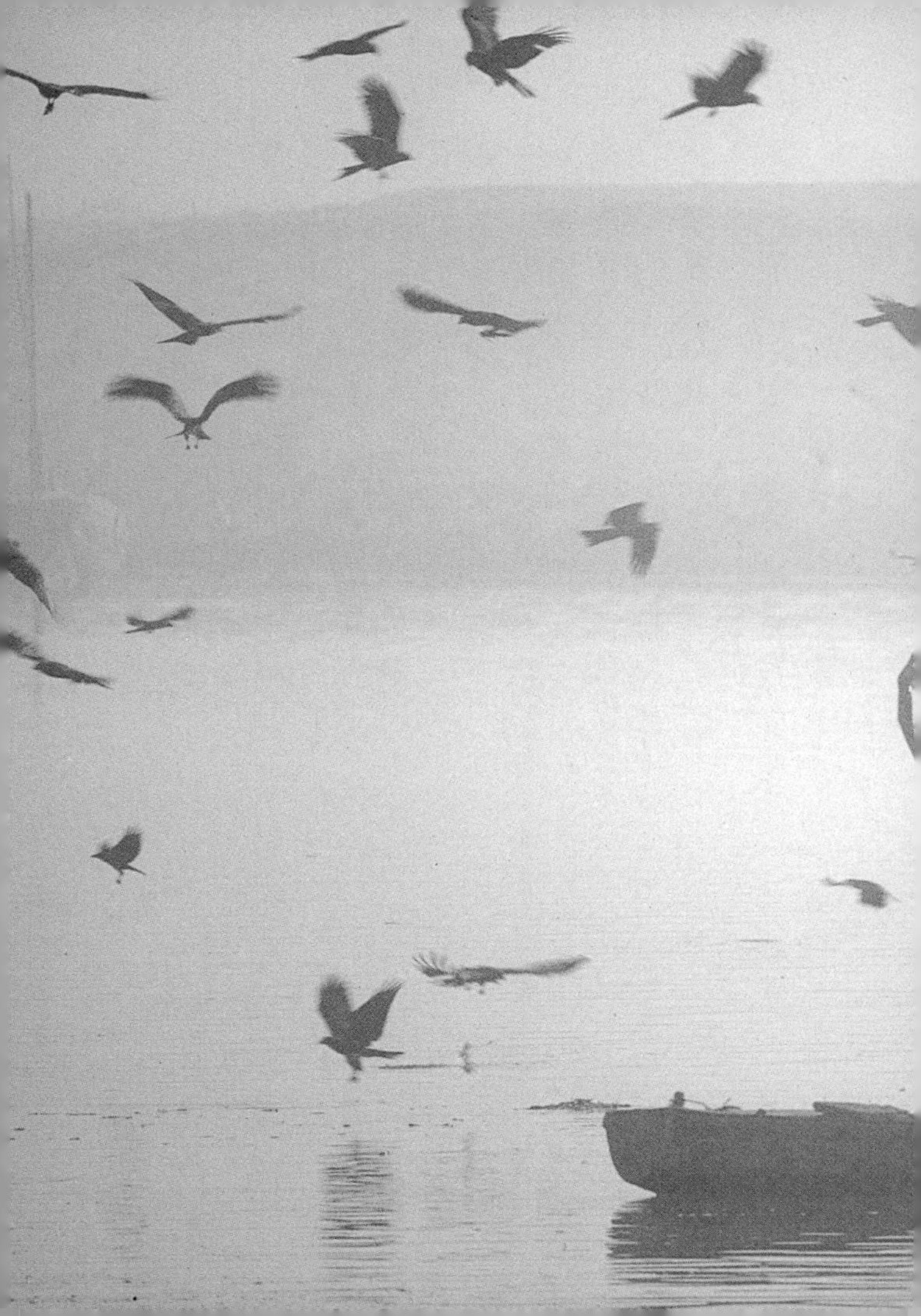

寄生虫

他人の身体の一部に入り込んだまま、何もしないで生き長らえていて、しかも外の世界に触れると、コロリと死んでしまう。だから、外の空気に一度も触れたことがない。見る目と見るべき世界を、初めっから持っていないから……その《寄生虫》は、自分の存在を露《あらわ》にせぬよう気を配りながら、大腸なり小腸なりの一部にくっついて、主人より高尚な夢ばかり見ている。と言うより、それは悲しくも、人間味を持った寄生虫の考え得る、愚かしい夢のように思われる。ぼくはそれを、わざわざインドまで運んでやったのだ。

寄生虫というのは、六年前ぼくが居候していた家の主人で、その人は親父がたくさん財産を残したので、明治の終り頃から今日まで、至ってのほほんと過してきたような人だ。六年前、ぼくは彼の寄生虫だったし、今回の旅立ちに際して、今度は彼の方が、ぼくに寄生してきたという訳だ。

〃何としてでも、私はガンジス河の高い所から写した写真がほしいのです。たとえば、雨季になって、空を覆った灰色の雨雲より漏れ出《い》づる陽光が、ガンジスの河の流れのひと所に降って、そこの所の水面がキラキラ光っている、というようなのがあれば、最高ではないですか！〃彼がぼくに託した夢とは、これだった。たわいない夢だ。

長年の恩義もあることだし、このくたびれた爺さんと、小指の爪くらいならいっしょに心中してやってもよいというあわれみもあったし、そして、少しくらい金出すやろ、という単純な算数をやった後で、ぼくは、〃撮りましょ〃と……わりと事務的な、しかもどことなく決意したような面構えをして、答えたのであった。そして、その時どういうわけか、何となくその決意を、ぼく自身の他の決意と混同してしまうような錯覚に、しばしとらわれたのだった。

体の一部に要らぬ寄生虫のくっついたような、こそばゆい使命感を背負って、ぼくは旅を続けた。だが、はっきり言って、インドの恐るべき喧騒は、あの爺い《じじ》の四畳半の隠居部屋で考えたことを、すっかり呑み込んでしまっていた。だから、ぼくはそのことを忘れてしまっていたのだ。だが幸いなことに、あの爺いの家は先祖代々運が強いと聞いていたが、やっぱりそのとおりで、旅の終りの近いある日、ハルドワールというガンジス上流の小さな宿屋の便所で、心がなかなか良い状態にある時、石油罐のフタをくりぬいて作った手洗い用のバケツに、窓から一条の陽の光が差し込むのを見て、ぼくは爺いの言葉をはたと思い出したのだ。錆びた鉄格子の入った東の窓越しに空を見やると、そこには、あの欲張り爺いのもくろんだような、まったくそのままの天の姿があった。ぼくは体のどこかで、半年前に連れ立ってやって来た、あの寄生虫の甦るのを覚えた。そして、今日この便所場に来なければ、この運の強い寄生虫を、どこ

か他の便所で、汚物といっしょに流してしまっているだろうにと思った。そう思いながら、再び窓越しに空を見やると、《漏れ出づる陽の光》は、もうそこにはなかった。緑がかった灰色の雲が、窓から見える四角い空を覆っていて……それは南から北へと、急ぎ足に移動している。

雨季が近かった。

実際、ぼくは写真屋のようなことをやっていたのだし、また、たとえばご隠居さんの言うところの、雲間より漏れ出づる陽光が、ガンジスの河の流れのひと所に降って、そこの所の水面がキラキラしている、というようなのがあれば、最高ではないですか！　というような風景に対しても、取り立てて反撥する理由もなかったので、とにかく、このハルドワールでの最後の一週間を利用して、ちょっとやってみる気になった。そしてそれ以後、六日間にわたる、ぼくの並々ならぬ努力と忍耐とによって、確かに自然は、ガンジスをいっそう神々しく見せるような幸運をぼくに与えたのだが、同時にぼくを失敗するように仕向けてしまったのだ。だからぼくは、ハルドワールでの最後の日、あの欲張り爺いに手紙を書いてやった。

（前略）

……という訳で、ぼくはハルドワールという街の北にある、小高い山の上までやってきました。そこからヒマラヤは見えませんが、ガンジスの、あなたが思っているとおりの静かな流れが、はるか下流に向って枝々まで見渡せるのです。ぼくは、あなたの言うように、たとえば嵐の後の雲間より漏れ出づる陽光が、ちょうどあのガンジスの太った部分を照らし出し、ちょうどそこが、地上と太陽との交合を示すようになることを欲しました。

……（中略）……

山の八合目のところにある、小さなアシュラムに寝起きして、数日機会を待ったのですが、雨季が近いのにいつも空は晴れっぱなしで、何とも仕方がありません。しかし、六日目の朝、ぼくはその小さな小屋から出て、世界がいつもより少し違っているのに気がつきました。そしてぼくは、頂上まで走って登りました。その時、ぼくの前に開けていた風景は、まさにあなたの望んだものになりつつあった。そして遂にそれは、あなたの考えていた言葉と一致したのです。

しかし、何というべきか、ぼくはその時、あなたのすばらしい要求というものを忘れてしまっていたのです。ぼくはじっとたたずんで、その二、三分の出来事を見ていました。そして、そんなに悪くはないものだなあと思いました。それっきりです。

ぼくは、自分の写真機のボタンを一度も押していないのに気づきました。それから、ぼくはあなたの事を考えました。そしてあなたがいつも自慢するほど、そんなにあなたは運が強いとは言えないのだなと思いました。ひょっとすると、本当は運がお強いのかも知れないなとも思いました。失敗を省みて、ぼくはさらにハルドワールでの滞在を延ばそうかと考えましたが、つぎに再び運の良い日がやって来たとしても、写真機をその風景に必ず向けることを、忘れな

いという保証はどこにもないのだし、第一、ぼくは、そんなに長いこと高い所から下を見ていると、高所恐怖症という《神》が人間に与えてくれた唯一の好ましい病気を永遠に忘れてしまうような気がして、とうとう山を降りました。……（後略）

追伸

また、六日間の肉体労働に関する報酬については、いっさい請求いたしませんので、その旨ご安心下さい。

野ネズミの食った果実

　ぼくのインドでの一つの朝は、こんなふうに訪れた。

南インドのマドラスで、宿賃を節約するために、駅で出会ったオーストラリアからやってきた旅の者と、三日間いっしょにいたのだが、彼の英語ときたら、まったく不可解なものだった。

彼の本国は英語の国なので、すべては、ぼくの語学力の不足からくるものらしいが、それにしても、その英語ときたら、とても常人のものじゃなかった。

　口数の少ない彼が、時たましゃべると、生れたての子どもがプリンをホオばって、そのプルプルしたすきまから、ヒューと発音の原型のようなのをもらしながら、はにかんでいるといった感じなのだ。

　彼は彼自身のなけなしの言葉をちょっと吐いたあと、いくらか、その産毛のように白い、眉毛の下あたりを紅潮させる癖があった。しかし、あまり笑わない彼が、何かの拍子に笑い出すと、突然そのやさしい声が、アゥ、アゥ、と檻の中に閉じ込められたアシカがやるように、圧迫された声帯をこじあけるかのごとく気違いじみた大声に変貌してしまうのだった。ぼくは彼のそのような変貌を少し恐れた……三日目の朝だった。

「お目覚めかい？」

と彼は言った。太い木の枠に縄を張りめぐらした、彼の粗末なベッドは、向いの鉄格子の窓の下にあった。彼はすでに朝の行水を終って、ちぢれた長い栗毛の髪毛をタオルでゴシゴシやっていた。ぼくは目覚めたばかりで頭の中が、まだ、まどろんでいた。だから、だだっぴろい部屋の向うから、彼の声がぼくの耳に飛んではいったとき、彼が何を言ったかより、単調な節の、短い音を聞いていた。だが、しばらくして、彼は「ウエイク・アップ」と言ったのではないかと思った。

《お目覚めかい？》

ぼくは、寝床の中で小さな驚きを持った。それはもうほとんど〝詩〟の形式を踏んでいるのではないかと思った。彼のあの不可思議な発音とこの一片のフレーズは、まったく調和していた。それは別に、〝詩〟でなくともよかった。言葉だった。ぼくは、長い旅で気がすさんでいた。別に悪いことがあったわけではないが……。旅とはそんなものだ。この日、ぼくはなんとなく、よい朝を迎えたような気がした。

ぼくは、ジャブジャブ顔を洗ったあと、「おはよう、今日は早いね」と彼に向って言った。

四日目の朝早く、彼はぼくの寝ているうちに宿を発っていた。ぼくが彼について知っていることといえば、オーストラリアから来たこと。ビルマを通ってインドに入ったこと。よく考えるとたったそれだけだった。彼だって、ぼくが日本人であることぐらいは知っていたのではないかと思う。そして、いっしょにいた間、お互いの人格とか、能力とかを、露《あらわ》にするような会話はいっさい話されないのであったが、そんなことが興味の対象になりえないのは当然すぎるほど当然なことであった。そんな出会いは、旅するものとして、お互いに負担を与え合わないという意味においても好ましいのだと思う。

こう書いてしまうと、ぼくはヒッピーたちと対等に出会ったように見えてしまうが、彼との場合もそうだが、ぼくは、インドでヒッピーと出会うたびに、劣等感に悩まされ続けたのである。インドのようなところで《生《なま》》の行為のみをよりどころとする人間の前に立てば、行為をいつも表現に結びつけようとする者は、まことにぶざまである。ぼくに関して具体的にいうなら、ヒッピーに向ってカメラを向けるときの耐えがたい屈辱感がそれを示す。しかしそれがぼくのいつわらざる旅だった。

いつも帰る場をしつらえておき、《生》の行為を絵や文字によってはぐらかしながら旅した者のいったい何が〝放浪〟という名で呼ばれるだろうか。ぼくの旅は、それだけの覚悟によっていない。

だが今日、荒れた土地を旅するヒッピーのように見える人たちが、そう見えるだけで相当の覚悟を持って〝土〟を踏んでいると判断するのも間違っている。むしろ、ほとんどが、ぼくのような中途半端な連中である。この《ヒッピー亜大陸》にやってくる若者は、二年前ぼくが最初にインドを訪れたときよりも、ずいぶんふえている。もうそれは、ほとんどあの危機を覚った野ネズミの大軍のように、やみくもに突っ走っているが、彼らのほとんどが野ネズミより利巧なので、あたら命を賭けない。突っ走る野ネズミの持つ唯一の能力は、ひたすら死ぬことではないかと思う。何か間違ってそれ以外の能力を発揮したとするなら、それはみじめであり、往生際が悪いということだろう。

ヒッピーに限らず、世界のどこにでもいる若者の多くは、死の行進中、横道にそれた野ネズミのように、なんとなく中途半端な気持で会社に行ったり、学校に行ったり、絵を描いたり、文を書いたり、写真を撮ったり、音を出したりしているのではないだろうか。技術的活動はいうにおよばず、芸術的行為さえもがしらじらしくて見ていられない今日《いま》、あの荒涼とした土地に、ひたすら行為を求めているかに見える若者の中にも、欺瞞が見出されても不思議じゃない。

そして、インドという土地は、すぐ人の嘘をあばいて見せる。なにしろ、自分の体を左右半分に割って、どちらが高貴でどちらが愚劣であるというような、不可能に近い潔癖を示そうとしている人々のいる土地だ。右があれば左があるといった二元的な宇宙感覚や生活感覚を持ってこの土地に入った者は、自分がさらに潔癖であらねばならぬことを強いられて、嘘がなくとも白状しなければならない、本当のように見えることも嘘になってしまうのだから。ひょっとするとこれは嘘ではないか、と自分でうすうす気づいているような嘘は、たちどころに根っからの嘘になってしまう。

ぼくはこのような状況下で、首から何台ものカメラをぶら下げていつも旅してる自分に耐えがたい苦痛を感じていた。聖地ベナレスのガンジス川に浮ぶ泥船で生活する一団のヒッピーたちがいる。あるベナレスの小学校の教師は、彼らのことをアグリー・ダック（醜いアヒル）と名づけて、子どもたちに納得させていた。ある日、そのアグリー・ダックの船に近づいていくと、一人のヒッピーがロングスカートをまくり上げて船から岸に移ろうとしていた。

シャッターを押すなり、彼女は言った。「日本にはいったい何台カメラがあるの！」

あきらかにたしなめるような口調だった。さっさとガット（水浴場）のほうに向う彼女の後ろ姿を見ながら、ぼくは苦しまぎれに言った。

「インドにいるヒッピーと同じぐらいだよ！」

だが、ぼくの口答えは、まったく根拠のないものだった。ぼくはくさりきってしまった。孤独な旅の中で、プライドを失うことは、ほとんど死に等しい。ぼくはそれを回復するために、宿屋に帰るなり、すべてをほっぽり出して、再びガンジス川に戻った。そして、滅茶苦茶に泳ぎ回った。

砂漠に近いプシュカールという野球場くらいの広さの湖をかこんだ村は、不思議な所だった。

奇蹟的な名前を持った神さまのようなヒッピーをぼくにめぐりあわせてくれた村でもあった。《ビルバル》という名のヒッピーは、彼の名前とほとんど一致する、《ビールバッタル》というこの地方特産の果物を、気違いのように愛した。

ビールバッタルは夏みかん大の大きさで、皮はプラスチックのように堅く、すべすべしている。中身は形のさだかでないオレンジ色の肉が粘りけを持ってつまっているのだが、これが下痢やその他の胃腸病に、てきめんにきくのだ。

彼が、ビールバッタルをなぜ愛したかといえば、彼はいつも胃腸をこわしていたからだ。ではなぜ胃腸をこわしているかといえば、彼は毎日、午後になると、マリワナの葉っぱを驚くほどたくさん食って、半日はたっぷり居眠りをしたり、プシュカールの村をふらふら歩いていたからだ。朝になると、前日食ったマリワナでガタガタになった胃腸は、彼が毎朝、朝食がわりに食べるビールバッタルのすみやかな効力で、また、昼にはマリワナを食ってよいくらいに回復した。そしてまた昼にはマリワナを食った。

外から見ていると、彼はマリワナを食うためにビールバッタルを食べるのか、ビールバッタルを食うためにマリワナを食べるのか、さっぱり判断がつきかねた。

ぼくはある日の夕方、湖のほとりでうつらうつらしている彼に尋ねた。

「君はいったい、ビールバッタルとグラース(草、マリワナのこと)とどっちが好きなの」

「両方さ」と彼は言った。

しかし、その答えはインド流に考えればデタラメである。ひょっとすると、と思った。彼にとってマリワナとは、ビルバルというわけのわからん名前が、ビールバッタルという確証物体になるための切符じゃないだろうか。要するに、彼は彼の名前、いや彼自身をすら、物体にまで昇華させようと試みる崇高な奴ではないだろうか。

彼は毎日毎日、プシュカール湖畔の大麻の草を時々やさしくふるわす微風《そよかぜ》のように湖の縁《ふち》を行ったり来たりしていた。

《風景》という虚の矢に射ぬかれた、このヒッピーは、ぼくの前にあまりにもきらびやかであり、ぼくも、プシュカールにいたころは、格別にすることもなかったから、いつも遠くで、彼の腰にまいた白いドーティ（腰巻）が風にゆらぐさまを見ていた。

生残り戦士の描いた朽ちはてる前のパン

けなげな子らのひねった紙粘土のたぐいは言うに及ばず、かなう限りの堅牢さによって、自然の意図を拒もうとしたかにみえるピラミッドのような巨大なものまで、それが人のつくり出したものならすべて、時は風化をおし進め、それはあるとき、もうほとんど人の意思を残さぬまで退化し……そしてやがて、それらを形づくる素材が、かつてそこにあるがままにあったように、地殻というものの一部に変容を遂げるだろう。

だが、そのようにして死んだ土地に、ふたたび、滋養豊かな雨露のやさしく降りそそぐこともあれば……土は潤い、太陽は緑を恵むだろう。運よくいって、緑はやがて花を咲かせることになり、そしてどこからともなく蜂が飛んで来たり、あのパタパタとして、花の香に酔ったように、フラフラと行く先さだかでない蝶などが飛び交う。おかげで花は種子をつくることができ……颪はまた、それをまく。

十七世紀後半のこと……このようにして、色とりどりの花の咲き乱れる地方に、ひとりのくたびれた戦士があのパタパタとした蝶と同じようにしてまぎれ込んだのであった。彼はラジプート族（今のラジャスタン地方の民族）の生残りであった。

ラジプート族は、このひとりのくたびれた戦士が花園にまぎれ込む八百年ほど昔、つまり九世紀、最も栄華をきわめ、彼らの戦争に対する情熱は大変なものだった。ラジプートとは《王者の子孫》の意味であり、そのうえ、彼らは自分たちのことをクシャトリア（武人のカースト）の子孫であると信じていたので、戦争が好きなのもムリがなかった。また彼らの閥族意識は、この地方に何十という王侯国家をつくりあげ、お互いが日々争いの中に明け暮れ、そして武勇を競い合った。

しかし、この群小国家は、十一世紀以降、アフガニスタンを根拠とするマームードという王侯が二十回近くも侵入して来て、毎回、その力の分散のゆえにうちまかされる羽目となった。彼らのシバの巨像が粉々に打ち砕かれ……たくさんのルビーは氷のかけらのごとく飛び散り、エメラルドは銀梅花のごとく、真珠はハトの卵の大きさのものが飛び出し……持ち去られてからというもの、ラジプート族の戦士としての情熱は、目に見えて衰えていった。

あのくたびれたひとりの戦士が、蝶のようにパタパタと花園にまぎれ込む前の百年というものは……それでも、どこかの、自分の先祖にかねがね申しわけが立たないと感じている王侯の生残りが、ときたま、思い出したように、隣の国の生残りへあまり長続きのしない戦争をしかけているくらいのものであった。そしてあの、くたびれたひとりのラジプート戦士の生残りが、色とりどりの花咲き乱れる花園で、ひょっとしたら私は一匹のチョウチョウではないかと錯覚し始めるころ、千年近くも続いたラジプート族の攻撃的な血潮の流れのいっさいが、ピタリと、とまったのである。

彼はこの花園にやって来て、彼の血の中に受け継がれた、ラジプート民族の熱い最後の血の一滴が、確実にゆらぐのを覚えた。おそらく、彼はそのとき、人の首をはねたり、腹をさいたりして命を賭けるよりも、なにかこのかぐわしいものと共にあるほうが、よほどそれは長らく続いた偉大なる民族の最後の死というものにふさわしいと思ったにちがいない。このような彼の決断は、たしかに戦士としての誇りを失わせて余りある屈辱を生んだが、また一方、栄華をきわめ、そして滅びゆくものが、最後に手にし心にしなかったら、いっそうみじめであろうと思われるような別のなにかを得た。

そしていまや、花の香の及ぼす影響は、ラジプート族の隠れたもうひとつの才能や性格を掘り出す発端となったのである。

つまり、このひとりの戦士はかつて見たり、嗅いだり、さわったりした記憶をたどたどしく追い求めながら、いくつかの筆と泥絵具で、家の壁に何かを描き始めたのだ。

そして、クシャトリア（戦士階級）である彼は、バイシャ（一般庶民階級）に身をおとしてでも、彼のその興味あることをやった。もし、それを欲するあまり、スードラ（奴婢階級）や、果ては不可触賤民にまで身をやつさなければならないとしても、彼はそれをやっただろう。つまり、ラジプート族の誇りを捨てた彼には、もう捨てようにも捨てるものは、なにもなかったのである。

このようにして、彼は戦う者から、とうとう絵を描く職業の者となった。そして花の記憶、戦いの記憶、動物の記憶、女性の記憶、見たこともない川の記憶、王者の記憶、楽士、草、鳥、雲、太陽、このようなもののすべてが彼の描くところのものとなり、ついには、このかつての人殺しは、そんなやり方の中で、なにがしかの神というものを、彼の泥絵具の中にクチャクチャとまぜ込むことを覚えたのである。

彼が戦士から芸術家になった、と思い込むのは早とちりである。なぜならインドにおいては古代よりいまに至るまで、芸術家という一個の身分さだかでない階級は存在しない。いかに良い笛の音を出しても彼は楽士であり、いかに美しい色を出しても彼は絵師というひとりの職業家なのである。あるインド人が五十年も前に言ったように「インドにおいて〝芸術〟は特別なものではなく、民族の体験の表現であって、生活の目的に役立つもの、たとえば日々のパンのごときものである」。

このように、この花園にまぎれ込んだひとりのラジプート民族の生残りもまた、絵師となったのである。

さて、ぼくがさきほどから〝ひとりの生残り戦士〟と言ったり〝彼〟と言ったり〝男〟と言ったり〝青年〟と言ったりしているこの人間は、いったい、だれなのか？

この人のことを、いくらそれらしく言ってやったとしても、結局……彼はいまから約三百年ほど前、この地球上の東経七四度、北緯二六度あたりの地点、つまりインド砂漠の東のほど遠からぬところに住む、ラジプート戦士のひとりの生残りである、というくらいにしか言えないのである。そんな彼とぼくとの出会いといったらこんなものであった。


プシュカールを二度目に訪れた五月の末、村は暑さにうだっていた。湖は干上がり、二千年も昔の人間の営みの瓦礫がここかしこ、湖の表面に現れ、夕刻にはそのコリント式のような形をした柱をぶち割った白い瓦礫の上を、シギ鳥がその長い足で飛びはね、キュワーッ、キュワーッとバカに威勢よくわめいており、暑さにうだって困難をきわめているぼくは「このバカ鳥め！」とベッドにぐったりと身を横たえながら、機会を見て、一度はなんらかの報復を加えねばなるまいと、その暑さでボケた頭で策をねって、けっこう時間の浪費をしているといったふうな、良き日々だった。

ある日、ぼくは、あのたけだけしいシギ鳥のよく集る湖畔の一角に、その三十センチはあろうかと思える細くて長い足に、絡みつくような糸をはりめぐらしたらどんなものであろうかと、暑さでやられた夢遊病者のように、ノロノロと枝を沼地に突き刺しては黒い糸を引き引き、二〜三十本も引いて、もうあのシギ鳥がずっこけるさまを頭に描きながらワクワクし始めたころだった。何か自分の周りにキナ臭いものを覚えた。立ち上がってあたりをよく見ると、すでに黄色いものは立ちこめており、十メートルと視界はきかなくなっていた。つまり、それは西の方からやって来た例の砂塵であり、このようになると、あと五分もすれば砂鉄砲を含んだ突風が、ビュンビュンと吹きまくるというわけだ。ぼくは、とりあえず、近くのあのガランとした空家に避難したのであった。

太陽は白色のおぼろな閃光となり、すべての物の影はなにか地表から遊離したように、その稜線を徐々に消して行く。

やがて、砂塵の層が太陽の光線をほとんど遮断してしまう頃、あたりは不吉な闇黙のうちに、乳白色の夜をむかえる。

視界はゼロに等しく、それでも、闇というには、それは、その空間自体がある種の淡い発光物体でもあるかのように、砂塵のひとつぶひとつぶが、千万の黄色い微光を放っており……。不吉なまえぶれを覚った野良犬どもが、町のどこかで、ケンケンとほえ……だが、黄色く厚い層は、無気味な音の周波だけを伝え、犬を殺す。

そして、無気味な音と淡い光の塵と、なにものをも伝えない黄色いにおいの重なりの中で、ぼく自身の体軀は意識されぬものとなり、ひとつぶの砂塵と同じような、きわめて非力な息づかいのうちに、着々とその黄色いものの中に沈んで行った。

しばらくすると、突然、ボボボボッと一陣の突風が、プシュカールの町のはるか上空を走りぬける。砂アラシの使者である。大つぶの砂がたたきつける。雨というより、空をしぼって出て来た水滴が、方向を失って空中でくだける。すべての動く物体がきしむ音。大樹の葉がくだける。三十分間ぐらい完全になにかが絶える。そして、これまた、突然にすべてが終ってしまう。

キナくさい残臭。ロの中でガジガジと砂が泳ぐ……頭をゴシゴシやって、フケといっしょに砂をおとす。ものごとの終りにやってくる……なにか殺伐とした感じ。

〝シギ鳥のヤツめ〟とひとりごとを言いながら、真中がポッカリ、天井のないこのガランとした家を見わたす。

「これは、われわれの前の前の前の……先祖のラジプート戦士が描いたものである」

「いったい、いつごろなのか?」

「私が生まれたときからあったので、なんとも言えない」

「この家には人が住んでいるが、彼らはこの絵に関心がないのか?」

「生まれたときからあったので、別に気にしていない」

ぼくは嵐のあと、ぼくが避難した家のありとあらゆる壁に描かれている絵を発見して多少気持が昻っており、そこに居合せた村役場の書記をやっているという老人に質問していた。絵というものはどこにでもころがっている。しかし、このような殺伐とした空間の中からポッカリと現れ出ると、それは絵以上のなにか人をうろたえさすものとなる。

下手糞な絵だった。プロポーションが狂っていた。魚が人を食っていた。ほとんどはげてしまって首だけが残ってからだのないのもあった。下手だったが、それは素朴で、良い絵だった。無名なものだけが描きうる、筆を握る手の痛々しさがあった。この無名な絵はインドのどこにでもあるほかのつくりもののように、権力の横暴を感じさせなかった。さらに驚くべきことは、これらの絵はラジプート戦士の生残りによって描かれたということであった。ぼくはすぐさまそれを信用し、あの生残り戦士が花園にまぎれ込むという童話を頭の中で作り上げながら、この描かれた家の前を通るたびにのぞいて見た。

いつしかぼくは、その絵を描いた戦士の容姿を明瞭に想像することができた。ぼくの頭の中で出来上がったそれは、人間というよりも、ある種の昆虫のそれに似ていた。

夏には太陽がすべてを焼く。あのバカなシギ鳥だって、フンをひっかけて逃げんとも限らん。これらの絵はやがて消え去るだろう。とともに、その手の痕跡が示す、何年か前の人の人格も、われわれの前からいっさい消え去る。それでよいのだと思う。この風景の中に無名であって、しかも限りある生命を費やしながら息づいている絵はよい。

科学者や、考古学者や、美術研究家や、政治家は知恵を出し合って保存しなくてもよい。それは人の横暴というものだ。あるべきところの空気にさらされて、やがて時が来て、描かれた女のおヘソあたりにくっついていた顔料がシワシワになり、そりかえって、そしてなにかの拍子に、ポロリとはげ落ちるのを、ドキッとしながら見ていたらよいと思う。

ここでちょっとぼく自身の功績について述べるなら——たとえば、ひとりの少女の唇のように、つややかに咲き誇ったものが、やがて男をかどわかすようなその色を失ったとしても、生きている限り、それは唇であるだろう。

しかし彼女たちがその酷な仕打ちに耐えながら、なおかつ生き長らえていれば、なにか本当に、たったもう一度だけ、その唇が小刻みにわなわなと震えるような、良いことがやって来ないとも限らないというわけだ。つまり、さしづめ、その老いて朽ちはてようとしている絵をもう一度だけ身震いさせた、最後の訪ね人はぼくであったかもしれない。

二円三十銭のマハトマ・ガンジー

たとえば、なぜマハトマ・ガンジーがだんご屋の看板に描かれねばならないのか。なぜ、シバやクリシュナといった神々が、タバコのポスターに映画俳優といっしょに登場するのか。なぜタゴールがアグラバッティ（線香状のお香）の商標に顔を出すのか。

それらを理解するうえにおいて、だれもがうなずけるというような言い方があるとすれば、つまり、ガンジー、クリシュナ、あるいはヒンドゥ教におけるすべての神々とか、映画のヒロイン……私たちがこの国に行ってめまいを覚えるほどあちこちに混立している英雄どもをひとつのカマに抛り込み、まぜ合せ、グツグツとあのインディアンカレーのように一日中、形のなくなるまで煮込み、もうほとんどそれがなにかの食べ物であるかのような錯覚を人に与え始めたとき、チョッと小指の先っちょかなにかで味見をする。するとそれは、再びあのインドの民衆というものの味に還元されているのがわかる、というわけだ。

トラックの横っ腹に描かれた睡蓮の花。床屋の鏡の上に飾られたハヌマーン（猿神）の印刷された薄っぺらな紙。シャツ屋の看板に描かれた、イギリスふうの女性が称賛するランニングシャツ。占い師が道具立てのためにそばに置いておく、インコ鳥が突っつくガネーシャ（象神、成功を表わす）の額縁つき絵画。郵便局の前に立っている、いつも確実に配達してくれそうな顔をした、コンクリート造りの配達夫像、等々。

このインドのポップアートともいうべき数々の珍品は、今日の彼らの願望と、なにかに対する親しみや崇拝の精神が彼らなりの美意識と素朴な筆さばき、印刷術によって、素直に表わされている。そして、これらのものは、現時点でのインド庶民文化の諸相を、多少とも楽しみながら知ることができる。

だから、ここに表現されたものは、すべて庶民文化というものの範疇にはいるのであり、逆に表現され得なかったものは、庶民文化に根差さないということである。たとえば、ある政治家がだんご屋の看板に描かれたか描かれなかったということは、その政治家の質を物語るひとつの材料となる。

ひとつの例をあげるなら、マハトマ・ガンジーとネールという近代における二人の英雄がいるが、さっきのようなやり方でこの二人を比べるなら、もう完全に庶民の中ではその評価が出来上がっているといってよい。マハトマ・ガンジーは、いまでも実にしばしば、巷のペンキ屋のオヤジのとぼしい発想を助ける素材となっており、ダンゴ屋のオヤジも、その注文した看板にあの坊主頭とワシ鼻、でかい耳のガンジーが描かれてさえいれば、たとえその看板に描かれたダンゴが石ころのように見えようとも、機嫌をなおすのである。

しかしネールの方はといえば、その存命の頃印刷された彼の生涯を表わす英雄伝のような絵解きの張り絵が、売絵屋のタナの上の古びた他の絵の中に混っているくらいのものである。彼の生存中、民衆の彼に対する熱狂はガンジーのそれにけっして劣らなかったはずだが、いま、このようにふたりの生命力の違いを見せつけられると、政治家というより、人間としてのふたりの資質の異りが感じられる。

では、なぜガンジーが生き残ったのだろうか。誤解を恐れずにいえば〝ガンジーは絵になる〟ということである。

ヒンドゥ教のなにかの神が、看板の中で揚げダンゴといっしょに描かれてあったら、だれもがそれを見てうなずくことができる。それと同じように、マハトマ・ガンジーも、あの一個五パイサ(二円三十銭)の揚げダンゴの横に描かれてあって非常によく似合うのである(彼の頭恰好が、ダンゴと似ているという意味ではない)。しかし、ネールはと言うと、彼のあのだれもが知っている容姿、つまりそれからかもしだされる西洋的とまで思われる洗練された知性のにおいと、一個五パイサの揚げダンゴでは、バランスがとれない。これは素人にもわかるのであり、ましてや多少とも絵心のあると思われるペンキ屋のたぐいが、そのような失敗をおかすことはあるまい。ガンジーとネールのこのような違いは、一見軽いもののように見えるが、インドの庶民の中にあってそれはもはや決定的な違いだと思う。

つぎに、現在の城主であるインディラ・ガンジーが庶民絵画の中に登場するかというと、それは皆無に等しい。そして、ぼくにはそのわけがよくわかるのである。

彼女とぼくの出会いというものは、総選挙のときだった。ガヤのビーズホテルという安宿で、カルカッタからの夜行列車の骨休めをしようとベッドに横になったとき、そのホテルの前の広場に、ラッパ型スピーカーを四つも備えつけたジープがやって来て、少なくとも五分に一回〝インドゥラ・ガンジー！〟と朝九時半から夜中の一時まで、つまり、少なくとも五分に一回である。〝インドゥラ・ガンジー！〟と叫んで演説し、ぼくに安らかな眠りを与えなかったばかりか、それ以後、あのラッパ型スピーカーを見るだけで軽い吐き気を覚えるという後遺症を生んだ。

そのつぎに彼女がぼくに影響を与えたのは、総選挙後、彼女が勝ったとたんに物価が値上りし、なかんずく、ぼくが旅行中唯一の贅沢としてたしなんでいた、インディアン・キングスという高級タバコが、一挙に三割ぐらい値上りしてぼくを不幸の渡り鳥にしてしまったことである。

個人的怨みつらみを差し引いたとしても、彼女についてはもうひとつ、ヒンドウ語がきらいか、もしくは知らないか、という臆測がなされてもよい。ある記者会見の席で（やりとりは全部英語でなされる）、ひとりのインド人記者がヒンドウ語で勇気ある発言をしたところ、彼女は「お願いだから、英語で言って」と答えたそうである。

イギリス仕込みの英語が、今日、インドのインテリ階級の格式と面子《めんつ》を保つ上において欠かせない武器であり、それはヒンドウ語や他の言語と比べものにならないほど人を畏怖させる性質を持っており、まして首相とのやりとりで、あのゴツゴツ不恰好なヒンドウ語が飛び出すということは、ある種の奇蹟が働いたとしか思えないのだが、彼女がそれをきらったのは、つまりヒンドウ語を知らぬか、もしくは、きらいであるかというより、ぼくはなにか、彼女のインド民族にたいするやさしさの欠如として受け取ってしまった。

インディラ・ガンジーが庶民のレベルに降りて来て、ペンキ屋が好んで使う素材にならないのもうなずけるのである。女性だし、少々年は食っても、たいへん美人だ。いったい、彼女が絵にならないという理由はどこにもないのだ。


ヒマラヤ山麓のデラダンという土地で、ホテルを経営するモハムという名の主人は、ぼくが着くなり、こう言った。

「もし君が、ヒマラヤのどこかの山に登る一員であるなら、ほかのホテルに泊ってくれ」

ぼくにはそのような趣味のないことをつげると、彼はいそいそと宿帳を持ち出してきた。

このホテルの名はヒマラヤロッジであり、玄関の壁にはへたなヒマラヤの絵がいっぱいに描かれていた。「なぜヒマラヤに登ってはいけないのか」と問うと「ヒマラヤは登るべきものではない。いろいろの国の人がたくさんの費用をかけて登りにやって来るが、たとえ頂上に立ったとしても、それで山を征服したと思ったら、たいへん大きな間違いだ」というようなことを言った。

玄関のヒマラヤの絵は下手糞であったが、彼のそのような言葉を聞くと、単に日本人が富士山の絵を壁にかけておくのとは違うのだな、と思った。そしてここの家には、ほかのほとんどの家に見られるようなインドの神々、ビシュヌとか、シバとか、クリシュナとか、カーリーなどの絵を全然飾っていないのだった。「あなたは、いったいヒンドウ教徒か」と問うと「いまはヒンドウ教徒だが、あと八年後には何でもなくなる」といった。つまり彼は、八年後にはこのホテルを捨てて、もう少しヒマラヤに近いところに行って暮すらしい。三日泊って、出立の晩、彼はぼくの部屋にやって来て、宿代を請求したが、かわりに詩のようなものを口ずさんでいった。三度ぐらい聞きなおしたが、たぶん、このようなものだったと思う。

——冬、ヒマラヤ高く、降りそそぐ無垢な粉雪は、善もなく悪もなく、精霊のきざしを秘めながらやがて氷の海となり、峰々でその力をやしなう。春、氷の海はガンジスのみなかみにおしよせ……、夏ともなれば、ハルドワールやベナレスや、その他もろもろの人住むところに流れつき、巷の人々に遠く神のおわすことを告げる——

インドの庶民の中に巣食う民衆美術と言うべきものは、このような無垢なものから、その末

端においては政治的色合を帯びたものまで、その人間の種類の数だけあるのである。

なにも、インドと言えば、アジャンタの壁画とかタージマハールのみならず、私たちのそばに石ころのようにころがっているこのような美術もまた、それなりの興味を与える。

ந்த நாள்விழா

4வது பொங்கல் வாரம்
பாரகனில்
பொங்கல் வாழ்த்துக்கள்!
ரிவால்வர்
வசனம்பாடல்கள்
புரட்சிதாசன்
A
SELECT
14·1·71
మొదలు
రోజు 3 ఆటలు
N.T.రామారావు, S.V.రంగారావు,
కాంతారావు, సావిత్రి, కృష్ణకుమారి,
గొప్ప పౌరాణిక చిత్రం

聖者、あるいは花の乞食道

嫁さんもいないし、子どももいないし、彼の全財産はひとつの風呂敷に包むことができるようになっており……、だから彼はいつ、どこへでも、すぐに出発することができた。

どこへか？　彼の行こうと思った方へ。それは、北のカシミールでもよかったし、南の突端、コモリン岬でもよかった。インド亜大陸のすべての地上は、彼の歩みを支えた。彼は歩まねばならないので、財産があまり重くならないように注意した。

彼はバスや汽車へ、わりと誇りをもって無賃乗車した。たまたま、進歩的でわからず屋のバスの運転手が運賃を請求したところで、彼は支払うべき、いかなる魅惑的な物品も携えていなかったので、すぐにでも運転手をあきらめさすことができた。そんなとき、彼は運転手に向って、わりと誇りをもってこう言った。

「さて、おまえはいったい、私をどうすべきであろうか、ハイ・ラマ（おお神よ）」

それればかりではなかった。彼はお世話になったバスの運転手に口を潤すべきなにがしかのほどこしさえ、しばしば、わりと誇りをもって要求した。

このように、インドのサドウ（聖者）の、すべてを無視したようなやり方は、紀元前からあったのだ。

アレクサンダー大王が、人類のほとんどを征服し尽して、紀元前三二六年のある心地よい春の日、インダス平原で、その大軍とともに休んでいたとき、彼の目は、陽光のなか、あたりには全然無関心に裸で坐り込んでいる聖者の一群に惹かれた。この偉大なる征服者は、好奇心を起し、若い有能な部下のひとり、オネシクリトゥスをつかわして、彼らが何者であるかを尋ねさせた。聖者たちはオネシクリトゥスに答えて、

「われわれに対する知識を、とりつぎを通じてあなたの主人に伝えようというのは、泥のなかに水を通してその清からんことを求めるようなものだ。もし、あなたの主人がわれわれの何者かを知ろうとするならば、まず着ているものを脱ぎすて、謙虚にわれわれのところに来て、ともに陽光の下に坐るべきだ」

と言った。

サドウにとっては、バスの運転手もアレクサンダーも、異った種類の人間ではなかった。また、彼らは、インド文明の発祥の頃から存在しておりながら、インド社会を構成するカースト制度に対して、いたって無頓着である。それは、不可触賤民とともに彼らがもうひとつの側のアウトカーストであることにもよる。

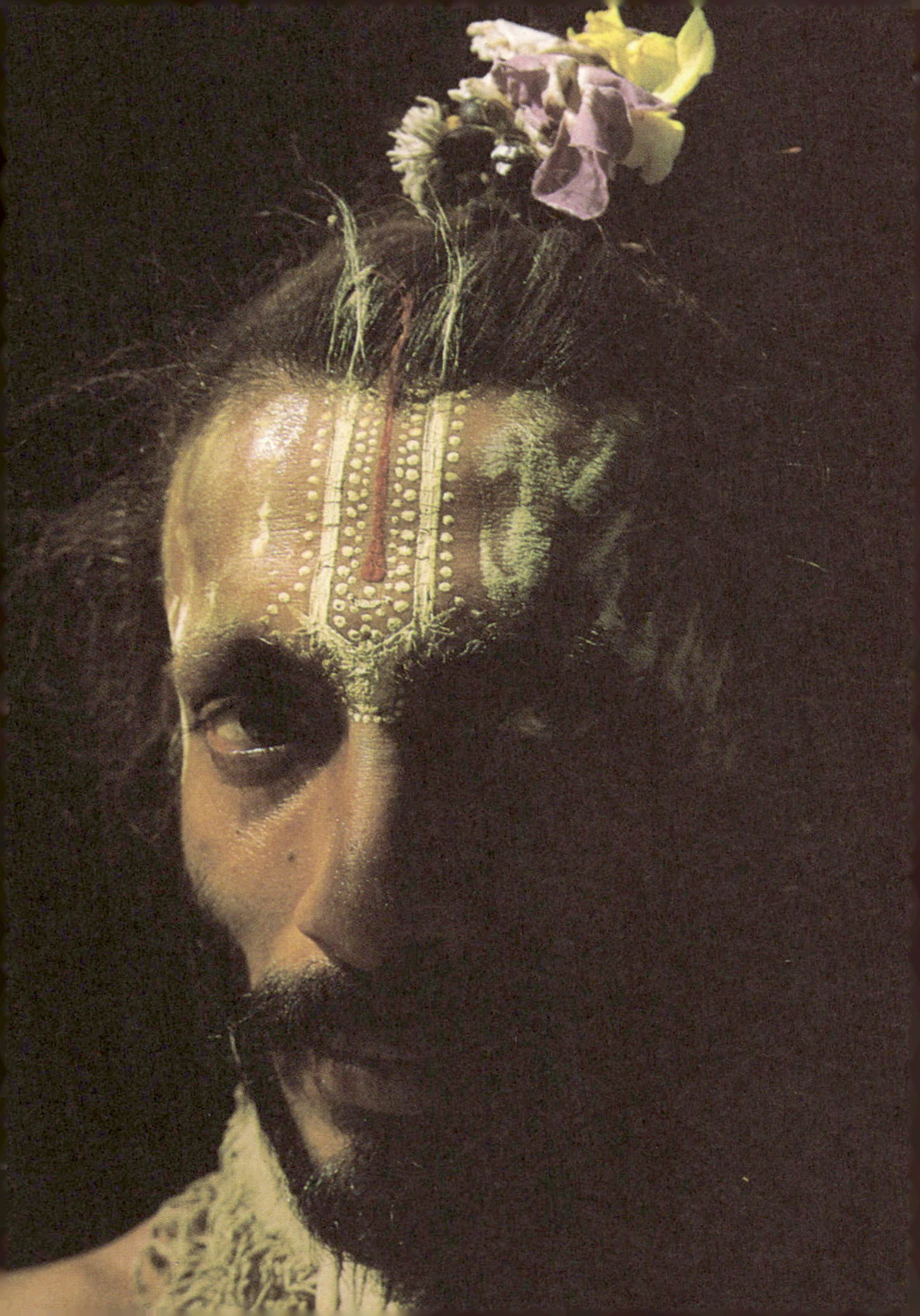

昔からいるこの得体の知れぬ人々は、今でも少なくとも十万人以上はインド亜大陸のあちこちをうろうろしている。なぜうろうろしているのか？　なぜこのような得体の知れない人がいるのか？　というと……、それは話がこみ入ってきてぼく自身もわからなくなってしまうので、興味のある人が勝手に研究すればよいと思う。

また、研究の結果、なぜこのような得体の知れない人がいるのかがわかったところで、それはその人が生きることのたしにはならないのじゃないだろうか、とも思う。

それよりも、聖者たちのちょっとプライベートなことについて触れてみよう。つまり、彼らがいつも肩からぶらぶらさげており、歩くときには腰の骨にあたってガチャガチャと幾分血のかよった不協和音をかなでながら、たまたまカラスがフンをひっかけて逃げようとあまり気にならない、クチャクチャして汚れた、鼻をつままなければならないほどそんなにくさいとは言えない、あの、彼らの全財産を保護しているズダ袋。それをひっくり返すと、いったい、なにが出てくるのだろうか？　ハイ・ラマ。

まず、水やミルクを飲むための、案外ピカピカ光った直径十センチばかりのシンチュウ製の壺。米や小麦粉やお菓子の施しを受けるための蓋のついた丸い木の受け皿。ガンジャ（大麻）を吸うためのラッパ状の素焼きのパイプ。彼の好きな神（インドには地方神も合わせると何百という神がいる）の絵の複製のはいった、てのひらに乗るほどの額縁（こういった象徴的なものは持たぬ人も多い)。額《ひたい》に神の紋章(大別して九種類の型がある)を描くための、小さなカンにはいった赤や白や黄の自然顔料と顔料を練るための乾性油のはいった小ビン。映った額がゆがんでしまう粗悪な手鏡。虚空に向ってプゥァーと吹くための牛乳ビンくらいの大きさのホラ貝。破れた衣をつぎはぎするための機会あるごとに集めた、あらゆる色や形をしたボロ切れや糸(ときには、拾い集めたボロ切れだけで、形さだかならぬ衣を作っている人もいる)。

だいたいこのようなものが、彼らの財産の基調をなす。

その他、生まれたときから肉体にくっついているような、木や石やトラの爪の首飾りや、なにかの骨や木やシンチュウやプラスチックでできた腕輪。さらに威厳を加えたい者はコブラの頭が彫刻してある鉄製の杖。歌うことの好きな者は大びょうたんをくり抜いて作った、単調な音を出す一本弦の楽器、二枚の貝(すり合せて音を出す)。寝心地を気にする者は、クルクルと丸めて肩にひっかけることのできる鹿の皮やその他のうすっぺらな毛皮。とくに雨のきらいな者は、イギリス統治時代からあるような、かなり実用的なコウモリ傘。清潔好きの者はニゴラとよぶ前垂れのないインド式ふんどしの予備(二着も三着も持っていれば、それは彼自身の神器に対して異常な執着を持つものであるか、さもなくばそれは贅沢というほかはない)。

そして最後に、さらに追求力のあるヤジ馬が、そのズダ袋をいっぺん裏返しにひっくり返して、片手でひっぱたいてみたとするなら、そのズダ袋の長い歴史が露《あらわ》になるような、脂ぎったホコリがあたりにたちこめるのを認めることができるだろう。そしてほんとうに最後に、さらに思いやりのあるヤジ馬なら、そのホコリとともにこぼれ落ちた、赤や黄や白のくすんだような、まことに小さな断片を見つけることができるだろう。そんなとき、この滑稽なびっくり箱をあける幾分意地悪な楽しみも、ちょっとしたその人なりの感動によってあがなうことができる。

小さな断片とは、年来、袋の隅や粗雑な縫い目の間に眠って久しい、ヒヤシンスでありバラであり、ジャスミンや、たまにはキョウチクトウや、四季折々のその他の花の老いさらばえた小さなかけらだからだ。なぜなら、インドじゅう何万といるあれらの醜男が、最も共通にその途方もなく長い旅の伴侶とするものは《花》だから。

そしてそのとき、あれらの醜男がなにを心し、なにに歩み、なにに生きたか……花のにおいを嗅いで、それを好ましいと感ずる人なら、だれだって理解できるだろう。

花を慕うこれらの聖者は醜男だ。たしかに、寺院勤めの聖者のなかには、ずいぶん洗練された顔の持ち主もいるが、旅を心情とする聖者のほとんどは、言っちゃあ悪いが醜男だ。つまり彼らの容姿というものは、およそ、ぼくたちが考えうる限りの神々しさを放っているので、時にあわれにも愚かしくさえある。なぜ旅する聖者が醜男かというと、彼らは自然の荒々しさをそのまま模倣しているからだ。

ある人は木の幹のような鼻をしており、ある人の毛穴は噴火口のように広がったまま、大地から吹き上がった埃を湛えている。はだしで何十マイルも歩く足の裏は、象の皮膚のようにガサガサだ。目はいつも強い太陽や砂塵やガンジャの煙を受けるので、黄色くなっている。生れてから一度も切ったことのない長い髪の毛は、もつれて数十本の束になって赤茶けており、ちょっとした不運によって、牛のフンなどがその赤茶けた毛にこびりついたまま、わりと誇りをもって歩いているものもいる。大地に牛のフンが落ちることもあれば、彼の髪の毛にもこびりつくこともあるだろう。このようなたわいもない罪は、彼らがしばしばおかすところのものなので、責めるには値しない。

また、彼らはしばしば川原に降りて行って、粘土質の泥をからだじゅうにぬりたくる。泥が乾くと黒い皮膚の上で白くなってあやふやな妙な色になるが、これは、泥という媒体によって自然の道徳を受け継ぐ、彼らのすぐれた動作なので、その恰好だけを見て笑うのは良くない。

さて、どうにもこうにも、この得体の知れない人は、いったい、だれか？

議論好きの人が喜び勇んで彼らの前に飛び出し、一時間も二時間もむずかしいことを言って彼らのことをわかろうとしても、聖者はその人のことを、単にしゃべるたちの人間だと思うかも知れない。冷静な聖者なら、ハイ・ラマと小さくつぶやいて、その人の顔をまじまじと探索するかも知れない。

面倒見のいい聖者なら大昔、アレクサンダーに向って言ったように、衣を脱いでともに陽光の下に坐れと言うかも知れない。そして少し頭の悪い聖者なら、そんなあなたを見つけて、ただニコニコ笑っているだけかも知れない。

ともかく、ほんとうのところは、あなたも聖者を見ておかしいのかも知れないし、聖者もあなたを見ておかしいのかも知れない。いずれにしろ、彼らを見ておかしかったら、一度吹き出すがいい。そして笑いがおさまったなら、もう一度彼らのことと、ぼくたち自身のことを、もう少し率直に突きつけ合せるべきだと思う。

おそらく、最初ぼくたちの目の前にあって、彼らは、ただのコジキであり、やがて理解しがたいコジキとなり、しまいにはなんとなく魅力的なコジキとなるだろう。

ハダシのインド人との対話

ある日、パンジャブ州のパタンコットという町のブタ小屋のような食堂で、七十五パイサ（三十五円）払って、トウガラシをあんこにした、とてつもなくからい揚げパンを、むりやり胃に入れていた。

見かけがおいしそうだったので、六つも注文して、一口食って後悔したわけだが、店の主人にいろいろおせじをつかって、五つのところを六つにまけてもらったばかりなので、どうも引っ込みがつかなかったのだ。

「そのカメラは、なんぼで売るか？」

隣で同じものをうまそうに食っていたおやじが、突然、こんなぶしつけな質問をしてきた。彼はぼくのことをネパール人であり、ネパールに来た旅行者あたりから買ったカメラを、売り歩いているものと決めていた。しかし、このようなインド流のぶしつけな質問にも、その頃、ぼくは腹が立たなくなっていた。なれてくると、かえって率直で気持のよいものだ。

「私は日本人である。このカメラは売るためのものではない」

インドを旅すれば、この手の返事は一日に何回となく、くり返さなくてはならない。だいたい、インドの名もない地方に行くと、外国人に対する認識をはなはだ欠いていて、中国人やネパール人ならまだしも、「おまえはアメリカ人だ」と断定的に言うものもいる。

「なぜか」と聞くと「おまえは黄色いパンツをはいているじゃないか」と言ったのがいた。黄色いパンツとアメリカ人とどんな関係があるのか、頭をひねって考えたがわからなかった。そのうちに「日本人だ」「日本人だ」と毎日言って歩くのがバカらしくなって、「おまえはネパール人か?」「そうだ」「おまえはアメリカ人か?」「そうだ」。

彼らにとっても、ぼくにとっても、ぼくが日本人であろうと、アメリカ人であろうと、さしたる問題ではないように思った。インドの大きな自然を歩き回れば、自分が日本人だと自覚することが面倒くさくなってくるものだ。

バスでガタガタ、西パキスタンからインドに入ったのが八月の終り。最初に出会ったインドの人は一人、遠くの赤土の上でじっと坐っていた。国境の近くだった。その姿が妙に気になったので、

「こりゃ何かおれの考えつかないことをやっとるんじゃないか」と息せききって近づいてみると、その男は正真正銘、何もやっていなかった。ただひたすらに、ぼさっと坐っているだけだった。TOKYOからやって来た愚か者と、赤土の上の愚か者との最初の出会いだった。

バスが一時間も走った頃、行く手に突然、どす黒いかたまりのようなものが現れた。アムリツ

ァールの町だ。町といえば、人と家と車だけで成り立っていると思ったら間違いで、その町には、馬車も、牛も、犬も、ブタも、ヤギも、ネコも、土からむりやり生まれてきたような動物たちが、人間と同じような面《つら》をして歩いている、そんなのをすべてひっくるめ、その町は何かどす黒いかたまりのように見えるわけだ。TOKYOの町が灰色の棺桶にみえるのと少し違う。それに、この町は確実に〝空〟を表現していた。これがインドの町との出会いだった。

インドの町は、やかましいったらない。まず子どもたちは非常に元気で、何かの機会があるごとにワイワイ騒ぎたがる。それに人の数より多く見える人力車が、お互いぶつかりそうになってどなったり、ラッパをプカプカやったり。しかし、一番たちが悪いのは、ぼくたちがよく運動会なんかに使う、あの大きなラッパ型スピーカーを、彼らは何かあればすぐ持ち出してくる。ボリュームを上げすぎて、こわれたような音がしようと、いっこうにおかまいなしだ。

それに、他の都市ではそうでもないが、ニューデリーなんかでは、やたらと大きな音のする花火が流行していて、祭りの時などは、夜中の三時ごろまでバンバンやっている。

あまり食ってなさそうな子どもが、ポケットにいっぱい花火をつめこんで、バンバン鳴らすごとに、奇声をあげながら、おどって喜んでいる。

日本に、この子どもたちをそのまま連れてくれば、確実に、この子の不幸を案ずる人が出て来るだろう。だが、そんなことは大きなお世話だ。彼らは彼らがそのように見えるように決して不幸ではないのだ。インドの民衆の中にはいれば、幸福にも、彼らは日々人間のやるようなことをやっているのに、やがて気づくのである。

インドの庶民と近づくには、三等列車に乗るのがてっとり早い。それはちょうど、インドの下町を縮小した感じなのだ。では、変な動物なんかもいるかというと、ま、都会の駅なんかにはいないが、地方へ行くと、ホームに牛やブタがいる。犬なんかもちょろちょろ乗ってきて、残飯をくすねていくし、牛は窓から首を突っ込んでくる。

気の荒い農家の主婦は、ヌルリとした牛の舌が、彼女の食物をなめる前に、ゾウリを脱いで牛の頭を思いっきりぶんなぐるのである。またトンビが食べものをさらう、というのはこの国では決して神話ではなかった。

ぼくも一度にがい経験をして以来、列車の窓ぎわでは、決して食べものを見せびらかさないように気をつけた。

二、三日もぶっ続けの長距離の汽車なんかになると、大きな荷を持った家族連れなどが、先を争ってガサガサと乗り込んでくるので、ぼくも乗りそこなわぬよう、しばしば窓から這いずり込んだものだ。あの木の堅いイスを確保するには、相当あつかましくやらねばならない。

だいたい、インドの汽車は止らないでいいところで、むやみやたらと止るくせがある。それでいて時間どおりに目的地に着くので、どうなっているのかさっぱりわからない。最初からなまけものの汽車を見越して時刻表をつくっておくのか、それとも、インド政府の寛大な策になるものであろうか。

というのは、切符を持っていないのが三等には相当いて、彼らは汽車が止らなくていいところで止ったときに、乗ったり降りたりする。悪いことをしているという観念はまったくなく、けっこう切符を持った客と、席の奪いあいをやったりする。

「おまえは、切符を持っていないじゃないか」

なんて、ヤボなことを言って突っかかるものは一人もいない。手にしっかりと切符を握っていればすべて事はうまく運ぶ、という考えをインド人はあまり持っていないようであって、彼らは一枚の紙切れよりも、自分の二本の足の方をはるかに信頼しているようだ。

では、彼らが楽天的でないのかというと、決してそうではなく、彼らは人間であることの負担が、過去も、今日もなかったかのように、かげりがなく楽天的だ。

時々、彼らの持つ幸福は、彼らが背負うべき幸福の量をこえているように思われる。必要以上の不幸や幸福をかかえこんだ人間が、滑稽に見えるのはよくあることだ。しかし、どっちかと言うと幸福をたくさんかかえこみすぎて滑稽に見える人物のほうが、胃で食物をよく消化する。それが証拠に、インド人の食欲は相当なものであった。

ところで、ここ数年来、インド人とは反対に、食欲不振にあえいで、それで少し胃腸薬を飲みすぎて、さらに食欲不振におちいった、といったぐあいの、まるで《食欲不振の神様》のようなヒゲモジャが、インド亜大陸に上陸している。いうまでもなくヒッピーである。

ヒッピーの名は、すでに一つの単語として、北はカシミール、南はケララ州にまで定着している。アメリカのヒッピーが多いが、皮肉なことに、一九四七年のインド国家独立以前、この地で大権力をふるった英国人も、今度はその子孫たちが、カラフルな小鳥のようになって、三三五々やってきている。

イギリス人は〝文明〟の名を背負って、二度、インド亜大陸にやってきたのである。最初は〝文明〟の金文字をぶらさげた獲物狂いのタカだった。今度のは、ごらんのとおり、彼らを支えていたかに見える〝文明〟という名の器《うつわ》を、確実にきらった人種だ。

インドにいるヒッピーは、考えたり、怒ったり、悩んだりすることを、すでにやめてしまって、風に吹かれる花びらのように、インドの巷をヒラヒラとしている。それはちょうど、泣きやんだ子どもが、涙の干上がるのを心地よげに、風とたわむれる姿に似ていた。

食べるということに関して、彼らはインド人のように偉大な執念は持っておらず、たとえば彼らのポケットの片すみに無造作に突っ込まれたドル紙幣は、時を経てルピー紙幣にかえられ、そのルピーは時たま牛の乳や、その他のインドの自然が与えてくれる食物と交換される。そんな生活の中で、彼ら、インドにきたヒッピーたちは、確実に健康を回復しつつあった。

ところで、インド人はこのヒッピーをまったく理解しないのである。

「あの頭の毛を伸ばした、ヒゲモジャの変な服を着たヤツは何だい。私は彼らの考えがまった

くわからない」

ヒッピーのことにふれた時、インド人はきまって、そう言った。

「多くのインド人が、オートマチックの時計や、トランジスターやカメラを欲しがっているのとは反対に、ヒッピーたちは、インドの牛からじかにミルクを飲んだり、寝る前のひとときを南京虫と戦ったりするような生活を喜ぶのだ」

こんなことをぼくが言うと、いっそうわからなくなるらしかった。

インド人は、オートマチックということばを大変もてはやしている。

「その時計はオートマチックか」

「そのカメラは、オートマチックか」

と聞かれるたびにぼくは奇妙な気持になったものだ。

しかし、今はまだ舶来品のオートマチックが彼らの生活に一輪の花を添えることがあっても、彼らの首を締めるようなことはない。インド人はインド人流に、人間をいともたやすく務めているのだ。


インド人が使うナベ、カマの類は先祖代々使っとるんじゃないだろうかと思われるほどまっ黒だ。それはほとんど、インドの食物の色に近い。腹のへっている時は、そのナベ、カマに対してさえ食欲がわくほどだ。人間がもっとも食欲を覚える色というのを知りたければ、インドに行って、ところかまわずそのへんのナベの中で、グツグツ煮えているものを見ればよい。

最初それは、長い間よどんだドブの水をすくって入れたような不潔な色に見えるが、食べている間に、食べものとして最も好ましい色に見えてくるはずだ。しかし、インドの食べものは決して不潔ではない。保健所の人が試験管をもっていって、大腸菌の数を数えようとしても、東京で数えるより困難を感じるだろう。なぜならインド人は偏執的なまでに、物を焼いたり煮たりすることが好きな国民だからである。それはインドの苛烈な太陽が、彼らの肌をいつもこがしていることに対する報復を思わせるものがあるほどだ。

食事法について、たとえば人間の《食う》という欲望に対する〝恥〟の思想が、西欧式テーブル・マナーという、やかましくてやりづらい形式を生んだとするなら、そのもっとも反対にある極がインド的食事法だ。デンと土間に坐って、同じ土間に置いた真黒な食物を、素手でむさぼり食う。それはちょうど、クマが食っているような感じをあたえる。

西欧人とちがって、この東洋人は食うという欲望の中で、人間をありったけ暴露するのだ。食堂などにはいって見ると、いくら階級の高い人が食べていても、彼が荘重に見えたりするようなことは決してない。

さて、食べれば出さざるをえないのは当然のことだが、多くの下層庶民は、便所を持たない。で、それぞれ自分の子どもたちを大自然に逃してやるのが常だ。朝早く汽車の窓などから野原を見渡せば、三々五々、白いものが朝もやにかすんで、緑の中に散らばっている光景によく出くわす。白いものは、今こそ新しい空気を腹いっぱい吸い込んでいる彼らの姿なのだが——ありのままをいえば、それは、ここかしこの野っ原に散らばるタンポポのように見えたものだ。

旅も二カ月を過ぎたころ、ぼくはケララ州のクイロンという町の西方にある、とてつもなく続くココナツヤシの茂った海岸を散歩していた。波打際にほどよく間をあけて、漁師たちがしゃがみこんで水平線のかなたを一心に見ていた。ぼくはインドの南でどんな魚がとれるものか、と興味を覚え、近づいて行くと、彼は、片手を横に振って「来るな」と合図する。ぼくの足音で魚が逃げるわけでもなし、そんなケツのアナの小さいことというなよ、という心持でさらに近づいて行ったところ、彼は前よりいっそう大きな身振りで「来るな、来るな」をする。何か秘密の魚でも釣っているのかと、ぼくはさらに興味を覚え、いっそう激しくなる彼の拒絶を無視して、ほんの二、三歩のところまで近づいて、それからまったくあわてた。

彼の手には釣糸はなかった。彼は野っ原のご仁と同じように、今こそ、インドは南、その大海原から吹きよせる潮風を一心に吸い込んでいる真最中だったのだ。ぼくは彼の営みが早く終らないことを祈って駆けた。蜒々と続く砂浜を力の限り駆けた。

つけ加えるなら、インド人の着用するシャツは、スソが非常に長く出来ているので、その行為があからさまでない。また、エサのはいっていると思った空カンは、事後処理用の水がたっぷり入っていた。

一人の人間の行為がクマに見えたり、タンポポに見えたり、また漁師に見えたり……。それはインドの豊かさのたまものであると、ぼくは思う。私たちの排泄行為が、それ以外の何ものにも見えないというのは、まったく情けないことで、それはひとり便所の便器を責めたところではじまるものではない。インドのそれを見れば、時には私たちだって、彼らのようにやりたいと夢みるにちがいない。

インドと聞けば、腐敗と貧困というのが通り相場だが、いったい、インド人の精神はまるっきり健全であって、ときどき、ぼくはそれをねたましく思ったくらいだ。いったい、彼らの健全さはどこからやって来るのだろうか。

ある産児制限の巡回映画を作っているというおじさんは、「インドは気候がよいからね」と、ひとこと言って、うまそうに安物の葉巻をくゆらしていた。あまりうまそうにやっているので、ひとつ、インドの悪口でも言って困らせてやろうと、しばし考えたが、どうも彼を決定的に困らせるような材料は浮ばない。仕方なく、ぼくは彼の前に汚い足を突き出して言ったものだ。

「確かに、ね！　インドの気候はよい。ぼくもほら、こんなに日焼けしたし」

インドの気候が、彼らの健全さを支える一つの要素であることは、確かかも知れない。しかし、彼らはもう一つ武器を持っている。多くのインド人は、人間のことを、まったくダメな生きものだと思っていて、そして自分たちのことを、そんな生きものであると知っていて、だから、覚悟して人間をのびのびと務めていて……早く言えば、彼らは自分たちの肉体を裏切っているのだ。しかし彼らはチャッカリしていて、その裏切った自分の肉体に、また夢を託しているのである。自分の肉体は来世において開花する、ということを果てしなく夢見ている。この一群の華麗なるインドの民は、夢見るというひとつの行為からずり落ちない限り、いかにその肉体がくさくても、ブタでもなければ、犬でもない。ときどき彼らの人間の維持の仕方が、少し愚かで、バカバカしく見えようと、それによって、明らかに一個の人間を維持している限り、とうてい、よそから口出しできるものではない。

「ヒンドスタン（ヒンドゥ教徒）のほとんどが、来世を信じているのか？」

ぼくはある建築家志望の学生に、そうたずねた。

「そう、彼らはドリーマーでね」

「君はヒンドスタンか？」

「そうだ」

「じゃあ、君も来世を信じているのか？」

「冗談じゃない」

そうだ、彼はもはやそんなものは信じてはいない。インド人の中でも進歩的（？）な人種なのだ。

「何か他のものを信じているか」

「建築やってるよ」

「じゃあ、君もドリーマーだね」

彼は黙ってしまった。悪いことを言ったような気がしたが、ぼくには彼の夢とヒンドスタンの夢と、どれだけ違いがあるのか、理解できなかった。何かそれは、同じもののように思えた。たとえば人間の愚かさが人間を支えることと、人間の偉さが人間を支えることと、どんな違いがあるのだろうか。

ぼくはインド人を見てそう思ったのだが、愚かさによって支えられた人間の方が強靱で、長続きするのではないかと思った。


三カ月も歩いているうちに、日本からもってきた二足のゴム製ゾウリもすりへって、裸足だと、すりへっても、あとから皮が生えてくるので経済的だ、などと、バカに単純なことばかり考えていても、けっこう、生活がはかどるようになった。そんなあるとき、ぼくは裸足のインド人と、奇妙な会話をした。

別に大したことではないが、とにかく彼は、ふんどし一ちょうで、真黒に日焼けした体をゆさぶりながら、むこうから歩いてきたのだ。肩にかついだ棒には、ボロキレのようなものがぶら下がっており、それが彼の持ち物のすべてのようだった。彼の足はバカに速かった。すれ違いざまに、彼のギラギラするような健康がにおってきたとき、ぼくはまったく圧倒された。ボクシングのチャンピオンよりもまだ、けたたましい迫力に満ちている。

ぼくは振り返った。そのとき、ボロボロの服を着て胸の真中あたりでカメラだけがやけに輝いているぼくの風体も、その奇態さによって、どうやら彼の目に止ったらしい。彼は遠くの方で、手を上下に振ってコイコイをしているのだ。青空をバックに真黒で、ふんどし一ちょうの人間からコイコイをされるのは、あまり気持のよいものではない。「おまえの胸にかかっている変な首飾り、よこせ」なんて、言い出すかも知れない。が、とにかく、ぼくは彼の前に立った。彼は真白な歯でニコニコ笑っている。……そうだ、やっぱりこいつはこのカメラが欲しいんだな、チキショウメ……。

やにわに彼はそのへんの木片を拾って、何やら地面に書きだした。それは字らしきものだ。彼はオシなのだろうか？

彼の書きあげた一行の文字はきわめて難解であった。

WHAT YOUR NAME？　それは英語の大文字であり、ヒンドウ語の文字のように、曲りたいほうだい曲っていたし、文法的にも少しおかしい所があった。

「お前の名前は何や？」

それを解読するまで、たっぷり十五分はかかった。と同時に「あれ、こいつ何も欲しがらんぞ」という感じと、「なんでオレの名前なんか聞くんだ？」という気持で、少し複雑な感じになった。

彼の顔を見上げると、相変らずニコニコしている。

「コイツ、さきほどから二十分近くも、ぶっ続けでニコニコしてやがる、オレにだって名前くらいあるさ」

ぼくは彼の大文字の下に自分の名前を書いた。

Shinya Fujiwara

そして、とりあえず彼に笑いかけてみた。すると彼は、満面こぼれんばかりニコニコニコッとして、それからぼくの背中を思いっきりボーンとたたいて、それからサヨウナラ、と目で合図をして、また速い足を使ってサッサと歩いて行った。

ぼくはあっけにとられた。しばらくして振り向いてみると、彼の姿は米粒のように小さくなっていた。その時、ぼくはじゃまなカメラをほっぽり出して、飛び上がって、飛び上がって叫んだ。

ファット　ユア　ネーム！

ファット　ユア　ネーム！

オシでツンボのクロンボは青空の中に消えて行った。

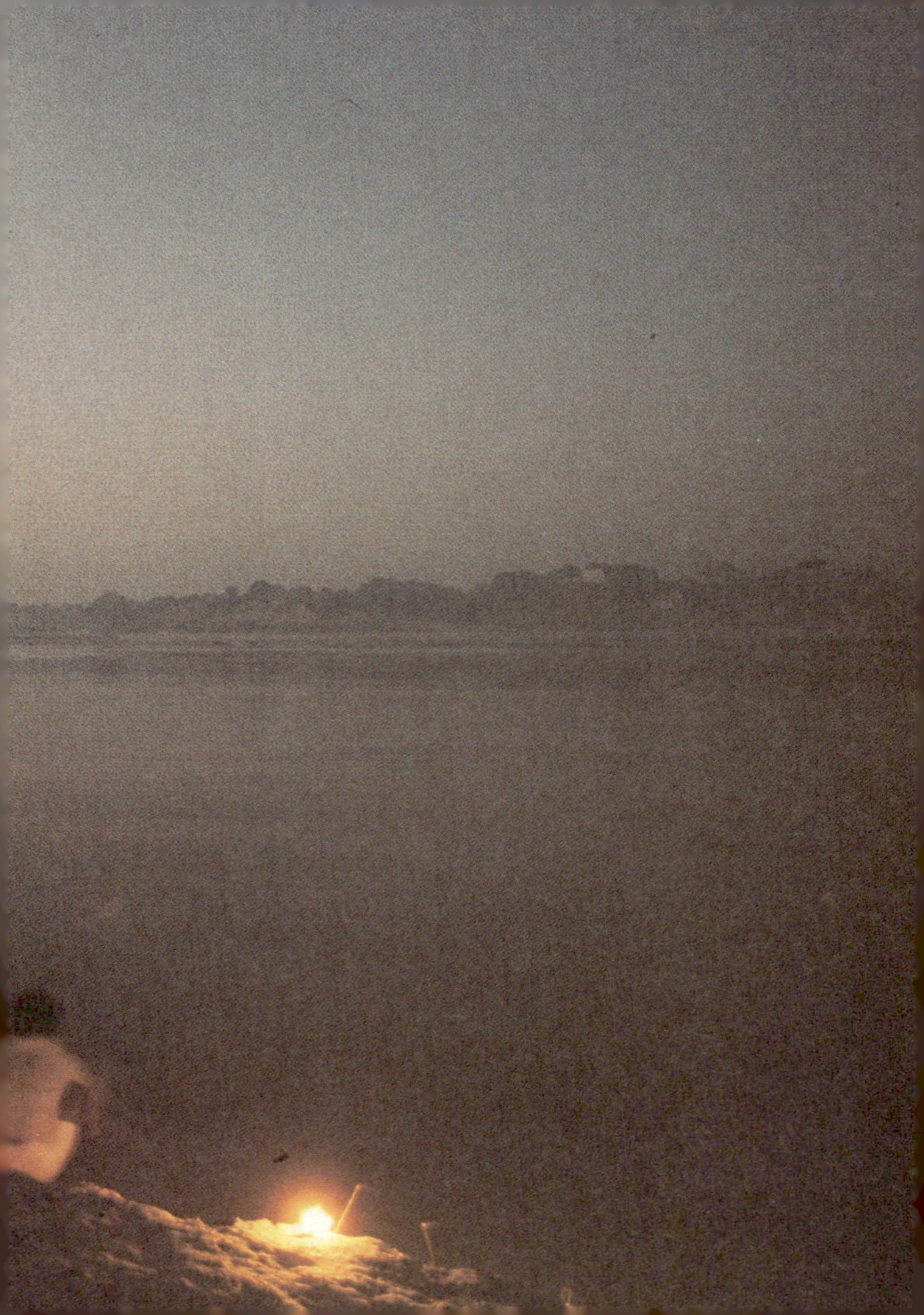

第二章

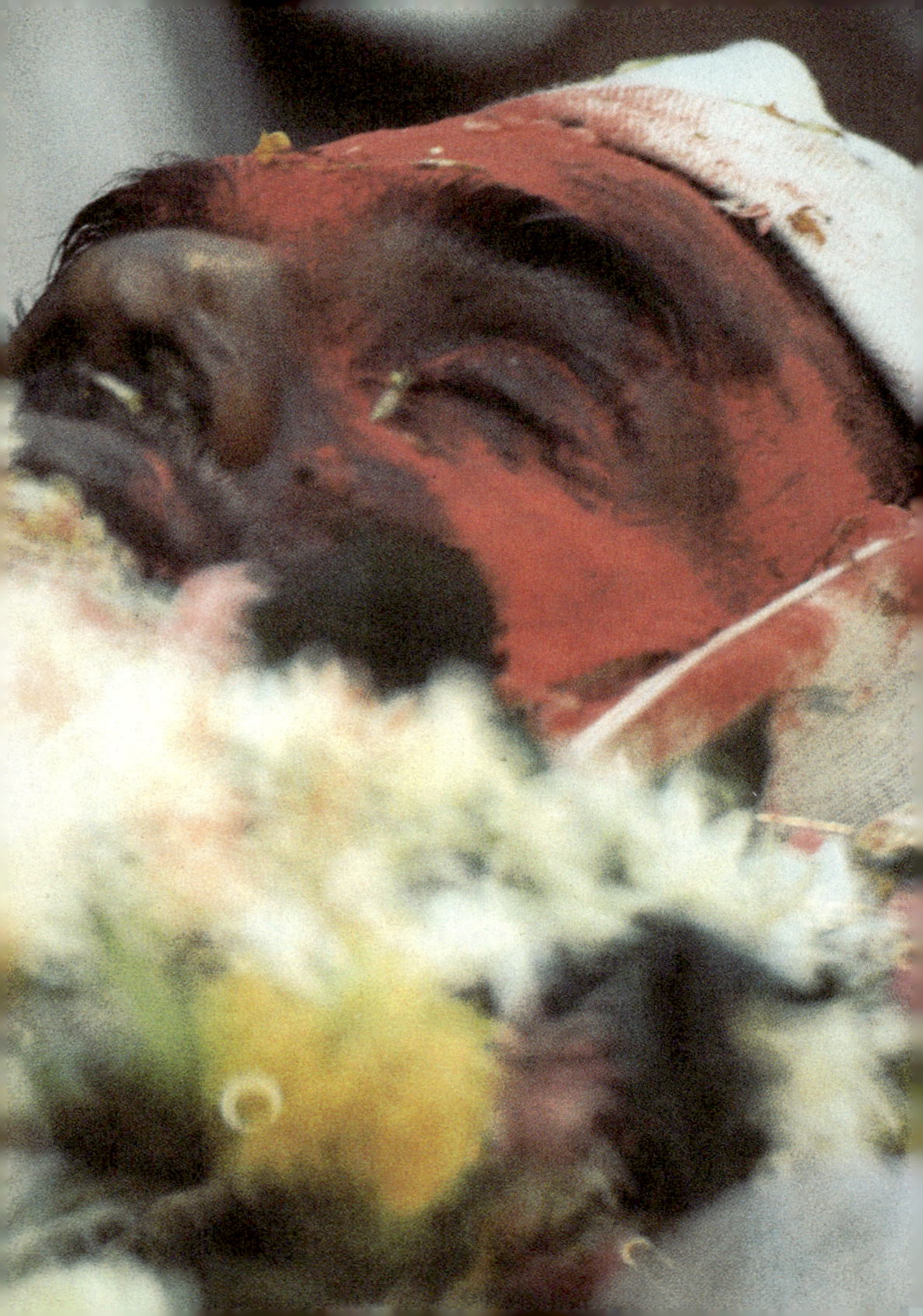

鴉〈からす〉

ガンジスの支流の一つ、カルカッタとハウラという混乱きわまりない町にはさまれて流れるフグリー河というのがある。

ここには、とてつもなく大きな銀色の鉄橋がかかっていて、朝の陽光がその鉄橋の一つの面を橙色に映し出す時、すでに人々の生活はたけなわであり、二両連結の電車が、人を満載にして行きかい、英国植民地時代の遺産である二階建ての赤いバスが右に傾いて走っており、裸足の車夫の引っぱる人力車が手鈴をたたきながら走り、ジュートを運ぶトラックが、猛烈なスピードで前のノロノロしたものの間をすり抜け、ダルマ型の古い型のタクシーが、やぶれたような音のクラクションを鳴らし、これらの混乱に驚かないように眼の横に被いをされた馬が、一九〇〇年代の初頭に見られたような古ぼけた型の馬車を引っぱって、不規則な蹄の音をこだまさせ……すべての走るものから追い越されながら、肩に食い込んだ軛をキーコ、キーコいわせて、牛車がノロノロと歩いており、それと同じくらいの速さで、鉄屑を満載した車を、五人の裸の男が引っぱったり押したりしながら、牛車と先を競い合っている。

およそ動くものなら何であろうと、この鉄橋の上を走らぬものはない。

そんな時、鉄橋は〝グウォーン〟と、あたかも怪物の咆哮のような唸りをあげながら、カルカッタとハウラの町の一帯を、ふと、それが耳鳴りのそれであるかのように支配する。

橋の左右を貫いている歩道の端には、露店の野菜屋や揚げ物屋、オモチャ屋、占い師、風船屋等々、だいたい人が持って移動できるぐらいの商いなら、何でも店を開いており、また、そこは歩道であるから、車道で通行すると都合の悪いようなものは何でも往き来している。

ぼくはかつて、この空中に浮かぶ奇妙な怪物の頭の先から尾っぽまで、日に何度も往復して時間をつぶす、というような日々を過したことがあった。

なぜなら、あの、あまりに混乱したカルカッタやハウラに半日も入り込んでいると、居たたまれなくなり、ぼくはいつもある種の渇きを覚え、なぜか河の流れというものを見たくなったからだ。

当然、橋の上も、カルカッタやハウラの町に劣らぬほど混乱をきわめていたが、しかしその空間は、ただ河の上にあるということによって、かろうじて救われていた。

橋の手摺から外側を眺めれば、そこには人っ子一人いない、ぬけるような空間があった。そして、それはぼくにはじつにありがたかった。

ぼくは、つまり、やりきれなさをもたらされると、いつもそうしてフグリー河の上にやって来ては、橋の手摺にもたれかかって、あの茫漠とした空間と対面した。

そして少し気持が落ち着くと、三百メートルくらいある橋の歩道を何度も往復しては、露店を見てまわったりした。

ある夕刻、いつものように露店で立ち食いしたり、日本製でもないのに、トーキョー、ジャパンと言って売っているオモチャ屋のおやじを冷やかしたりしながら歩いていると、遠く、ぼくと反対側の歩道を歩いている人の流れが滞って、橋の手摺に沿って人垣ができているのを見つけた。

それらの人々は、みな手摺から乗り出すように下を見ていた。下には、つまり彼らの二十メートルの下方には、その、やや緑っぽい土色のフグリー河が、ほとんど流れている素振りさえ見せずに、ゆったりと下流に向って動いているはずであった。

ぼくもその時、まったく暇な人間であったから……かと言ってわざわざ反対側の歩道まで行くのは面倒くさかったから、自分のいる方の歩道から動かずに、河を覗いてみた。

………。

なんにもなかった。

河から目を離して再び人の集っている方に目をやると、急に、その中の半分くらいの人間が、ワイワイ言いながら滞った電車や自動車の群の間をぬって、こちら側の歩道まで走って来る。

ぼくはとっさに、上流から下流に向けて、何か人の興味をそそるようなものが流れて来ているのであろうと思った。

ぼくとしても、今むこうから走って来る洟《はな》たれ小僧どもに、決してまけない好奇心を持っているつもりなので、下流の側にいた自分の立場というものに喜びながら、再び橋の手摺から下を覗いた。

反対側の歩道から息せき切ってやって来た物見高い連中が、ぞくぞく到着して、ぼくの近辺に人垣を作り始める……

そして、ぼくを含めたこれらのやじ馬どもは、口々に何やら言いながら、河の流れを一心に見た。

ある者は笑っていた。

ある者は奇声を発して喜んでいるように思えた。

みなそれぞれ楽しげにやっていた。

ぼくはいったい何が流れて来るのだろうかと、彼らの表情を時々チラリと窺いながら、じっと河を見下ろした。

フグリーの河の流れは遅かった。そしてじれったかった。

だが、そう思っている最中……河は流れているという証《あかし》をとうとう、ぼくの前に見せつけたのである。

河は奇妙なものを運んできたのだ。

その奇妙なものが橋の死角より出て来た時、人々はいっそう楽しそうに何かを言い合った。いやむしろ嬉々としてたわむれ合った。

そして……その、人々が喜んで見ているものを、じっと見すえて、それが何であるかほぼ判断がついた時、ぼくの胸は少なからずむかついていた。

恐るべきものが現れた……恐るべきものと言うより、ぼくにはそれが、何か不思議ですらあった。

つまり、その流れて来たものとは、

……《女》であった。

いったい、これが不思議でなくて何であろう。

うつぶせになって顔を水の中に突っ込んでいたし、むき出しになっている皮膚は、赤く充血して紫色に近いものだった。体は水を含んでかなり大きくふくれ上がっていたから、最初それは南京袋か何かのようだった。ただ、体の周りにまき着いたサリーらしきものが、その物体が人間であり、さらに女性であるということを示していたに過ぎない。

そして……サリーの裾に見え隠れする、紅と緑とでできた花模様が痛々しかった。

死んで水葬されたものか、誤って河に落ちたものか、あるいは、自らそうなるべき運命に仕向けたものなのか、ぼくには推測するすべはなかった。

連中はなぜこんなものを見て喜んでいるのだろうか、と不思議に思った。そしてよくよく状況を判断するに、彼らはその流死体が女であることに興味を持っているようだった。そして、その女が若いか老いたものかということが、彼らの間に論じられている事らしい。

そして着ているものを見て、それがどのような階級にあってどこの土地の者かも、察しがつくのかもしれない。

人々がペチャクチャ言っている間も……《女》はゆっくりと流れた。凍てついたように動かないぼくのまぶたの内から、じっとぼくの視線がそれを見すえている間も……《女》はゆったりと流れた。

ちょっとした流れの変り目に来ても、まるでそれは流れているボール箱か何かのように、従順に、流れるものの表面に沿うて動いた。

やがて……、ベンガル人特有の物事に対する性急な執着心と、飽きっぽさとが、この場においても発揮され、人の群が散っていった後も、ぼくは一人でじっとそれを見ていた。

しばらくして、かなり遠くへと流された女の上で、ふと何か黒いものの動くのを見た。それは何かの拍子に中空へ舞い上がったり再び女の上に舞い戻ったりしながら、忙しく動きまわっていた。

ぼくは……その黒い動くものを、食い入るように見つめた。ぼくは少し近眼なので、まぶたの上から眼球をおさえてみたりしながら、それをよりはっきり見ようと努めた。

黒いものは……《女》の上に降りては長い嘴のようなもので女の体を突っついている。

《鴉《からす》》であった。

ぼくの視野の中を、米粒くらいに死屍が遠のいて行った後も……鴉は、時には中空へ舞い上がり、また死屍の上に降りたったりしながら、遅々と流れるフグリー河と同じように、そしてまた、フグリー河の流れとともに流れている死屍と同じようにして流れて行く。

やがて、その一つの生きたものと、一つの死んだものとは、ぼくの視力の中で区別のいかぬものとなっていた。

そして……ぼくは、その流れて行くものの背後に、あの荒涼たる大海原、インド洋に開けるべき、その発端を見ていた。

火葬

ビハール州、パトナでの一日。
快晴……西の風がやや強い。
ここ、ガンジス河……火葬開始、午前七時十分。火葬終結、午後七時四十分。
火葬された者、三十一体。
水葬された者、二体。

*

火葬場のことだが……日本語でカソウバ、英語でクリメイトリイ、ヒンドウ語ではアスマサーン。
ヒンドウ語というのは、語音からくる感じは実にえげつなく聞こえる。
〝アッチャー〟（へー）
〝ナヒン〟（ちがう）

〝ダヒ〟（ヨーグルト）
〝チョロチョロ〟（ほらほら）
〝バブー〟（だんな）
こんなのを、あの土から生まれてきたような人々は、たとえ目の前に話す相手がいても、十メートル先まで聞こえるような調子でまくしたてる。それは実にえげつなく聞える。だが、ぼくはこのアスマサーンという言葉を聞いた時、これは美しい言葉だと思った。
たとえば、インドの人々は、
〝ナマステ〟（こんにちは、さよなら）
という言葉を遠くの人に呼びかける時、
〝ナマスカラーッ〟
と言う。チョロチョロという言葉を同じように、
〝チェリェー〟
と言う。いずれも後者の方が美しい。
ヒンドゥ語は、大地の上で響きわたる時、初めてその言葉の持つ美しい響きを発揮するかのようだ。
このアスマサーンという言葉も、そのような美しい響きを持っている。
ぼくは、三つの煙の立ち昇るガンジスの縁《ふち》に腰を下ろして、〝アスマサーン〟と、二、三度く

り返して言ってみた……最後には大きな声で。

*

女は葬送に参列することを許されない。

ある日、死体置場にまぎれ込んだ一人の老婆を見た。

彼女は、不慮の死を遂げた孫の枕元で憤っていた……明らかに彼女は怒っていた。そして、おびただしい数の怒りの言葉を、歯の抜けた口から、つぎつぎとけたたましくはき出した。十数分後、彼女の言葉の端々に嗚咽が入り混り、そして、なおも怒りながら、すでに錯乱状態にあった。

やがて三人の白衣を着た男が、なだめるように老婆を場外へと運び出す。

老婆は泣き、そして叫んだ。

あたりが静けさを取りもどした頃、ぼくは死者に近づいて行った。死者の表情は、あくまで安らかだった。その顔には笑みさえうかがわれた。その小さな笑みは、心ない人の空騒ぎのあとにやってきた静寂のなかで少々不敵にさえ思われた。

死者の、このあまりに安らかな表情を見てしまった時、あの老婆の頑な何かに対する執着……俗に《生存》つまり醜業。ぼくはそれを読んだ。

死者を前にして、それを悲しむことも……また醜い……。

生きながら死者と等価であれ、とは思わない。ただ、ここに一つの皮肉な事実がある……十代にして安らかなるもの、そして老いぼれてなおかつ騒ぎ立てるもの。ことによると、あのババアはこの先ずっと、まだまだ生き延びるはずである……ぼくはそう思った。

＊

河の縁《ふち》まで運ばれて来た死屍は、多くの場合、前に来た死屍の焼けるまで、川辺にそのまま寝かされて順番を待つ。

川辺に白い衣にくるまれて横たわる、この空白な時間帯……死屍はどことなく寒々としてみえる。たとえば、どこからとなく、さりげない風が吹いて来て、死者の白い衣の端をヒラリヒラリともたげているような時、それはいっそう寒々としてみえる。

＊

火葬のためのいっさいの儀式の遂行者となるために、死者の家族の中から一人の男が選び出される。

河岸には、その男の頭を剃るために、切れない鉄製カミソリ一挺だけを持ったサンパツ屋（剃り屋と言った方がよい）が待っている……宗教上の理由から頭のグリグリのところの毛（チョタワラ）だけを残して、あとは全部剃る。

　カミソリがとことん切れない。喪主に選ばれた十一歳になる子供が、必死に痛みをこらえている。顔を真赤にして、涙をポロポロ流している。声は立てない……時々こらえきれぬように、〝ウウッ〟と喉の奥からうめき声をもらす。

　剃り屋は無表情に、ポリポリと毛をむしり続ける……。

＊

《白》これが葬式の色だ。

　死者も親族も、白い衣に包まれている。この河岸にいる焼方専門の職人も、なるべく白に近い衣を着ている。

　一枚の真新しい白い布、幅一メートル長さ四メートルくらいの白い布がサッと広げられる……陽光に映えてまぶしい。それは、さきほど頭を剃られた子供のために用意された衣だ。何はともあれ、苦行に耐えたその子供の頭は、青くテラテラ光っている。二人の男が、裸になったその子供の体に、白い布を巻きつける……つまり、それがじゅうぶん衣としての体裁を保つべく、そして最も簡素にして清楚であるように。

　階級の高い人も、いかに階級の低い人でも、この衣の着付けを知っている。それは歴史的な《衣》である。

……白く、四角い布……目にまばゆい。

苦行によって落涙した子供の顔、その表情にはいくばくかの放心が見られる。

歴史的な《衣》はその上に被われる。

＊

茶毘《だび》に付される前、死者はいったんガンジスの水にひたされる。生々流転をくり返す河によって来世を約束され、それは死者が生命を得るための最初の洗礼でもあるかのよう。

＊

頭を河に向けて薪の中に安置された死者の枕元に、白い衣の少年が立つ……それは立っている、敢然として……そして木材の中より突き出した死者の二本の足。

この二人の人間……ぼくは写真機を構えていて、どちらにレンズの焦点を合せるべきか迷った。

そして一瞬、死者の二つの足の裏の皮膚が……その細部……シワ……こびりついた土くれ……陽光をはね返すその微細な光沢……死者のすべてが、写真機の四角い視野の中で鮮明なものとなっていた。

白い子供の手にワラ束が渡される。そして火がつけられる。火は、死者の眠る木材の下に敷かれているワラ束へと移っていく……パチ、パチという小さな音……やがて、重ねられた木材の隙間より、赤い火が吹き出す。

二つの足を炎がなでる。〝足〟は動じない……すでにそれは〝物〟である。

＊

炎が、まだそんなに勢いを強めていない頃、白い子供は、花の香の香料と黄色い色の米粒を混ぜ合せたものを、炎の上にふりかけながら（死者が遠い世界に旅立つ道中の糧であろうか）、死者の周りを数回まわる。

＊

回っているもの……原子核の周りの電子……太陽の周りの惑星……そして、この死者の周りを回る白衣の子供……かつて見た、涅槃の塔を回るチベット人……。

インド人よりさらに苛酷な自然状況に置かれているチベット人は、彼らの宗教的生活習慣の中に、この回るという運動形式を取り入れている。暇な時、あるいは仕事をしている時でさえ、彼らは片方の手に持った、子供のガラガラに振り子を付けたようなものを、一日に何千回とな

く回しているし、あるいは両手に持った数珠の一つ一つを、根気よく回し送りしている。

また、朝と夕方の二回、彼らは仏塔の周りを何回となく回る。またさらに信心深い人は、木から落ちたナマケモノ猿のように、仏塔の周りの道に、両手を前に突き出してベッタリと腹ばいになる。立ち上ると、腹ばいになった時突き出したてのひらの地点に進む。そして、そこからまた腹ばいになる。これを蜒々とくり返しながら仏塔を回る。

回るということは、中心を作ることであり、また逆に、中心から逃れることでもある。そしてこの二つは矛盾しない。そしてそのどちらもが、人がこの地上に生活する上において正しい運動のように思えた。ぼくはこの《回る》という、人間のその生存の中で逃れ難い運動形式を、再びこのガンジスの縁《ふち》において見ていた。

*

白衣の子供が、その徐々に強まってきた炎の周りを回っている時……ぼくはそこに一つの不思議を見た。

ぼくは死者の突き出した足の側からそれを見ていた。

ちょうど白衣の子供が死者の頭の側に回った時だった。燃えさかる木材のその下半身を隠された白衣の子供の上体が、ゆらゆらとゆらいだ。

目や鼻や口や耳や胸の白衣や……そのすべてがゆらいだ。

つまりそれは、その子供が、炎の作り出す空間の歪みの中に入り込んだに過ぎない。

しかしぼくは、それを不思議だと思った。かげろうのようにゆらぐ生きた肉体のこちら側には……事実の重みそのままに、死者の二本の足が突き出していたからだ。

そして、それは確実に《在《あ》った》。

＊

あやふやなる生けるものがぼくの視野より消えた時、ぼくの前にあったもの。

黒い土……

燃える木……

燃える足……

河……

彼岸……

空……

…………

《ヤ・ケ・テ・イ・ル！》

＊

火葬の時、人間の体の大部分は水分であり、それは水蒸気となって中空に舞い上る。そして、それは雨の一部となって、誰かの肩に降りかかるかも知れない。

それから何パーセントかある脂肪分は、土にしたたり落ちる。そしてまた、何パーセントかある骨も、炭素になって土の上に散らばる。

それはガンジスの水に押し流されて少し下流まで行って、多少はその辺の土地に栄養分を与えるかも知れない。

ただ、単純に考えれば、ちょっと解らないことが二つある。たとえば、人間の思考というものも物質運動の一変形であれば、その物質はどこへ行ってしまったのか。それは脂肪と同じようなもので、ジュジュッと焼けながら土の中へもぐり込んだのか、あるいは水分と同じようなもので、中空に舞い上ったのか？

それとも、たとえば、インドで昔から言われているように、立ち昇る煙を見ながら、

〝あれ、あの人が天に昇って行くよ〟

というように、あの皆目わけの解らぬ青い煙に含まれて、中空に舞い上って行くのだろうか。

もう一つ解らないのが人の焼ける時のにおいで、ぼくの感じでは、人によってその焼ける時のにおいの強い弱いが異るように思う。

単純に考えれば、たとえば脂肪分が多いとか多くないとか、肉食人間であるとか草食人間であるとか、そういった体臭によるものかも知れないが、ある信ずべき人の話では、かつて、神

のように崇められた賢者が死んだので焼いたところ、村じゅうに悪臭が漂って何日も消えなかった、という伝説がある。

そうだとすれば、焼ける時のにおいの強弱というものは、焼かれる人の人格によっても異ってくるのだろうか。

＊

火葬——死体を焼いて葬ること。荼毘（だび）。もと、インドに起り、中国を経て日本に伝わった。辞書にはこう書いてある。

＊

ここ、パトナの河岸で死人を焼く世襲職人は、全部で十八人だ。ほとんどが河岸の小屋で暮す。ぼくは十八人の中で一番えらいパラというあだ名の男に尋ねた。

〝ヒンドウ語で河のことを何て言うの？〟

〝ガンガジー（ガンジス河）だよ〟

〝河のことだよ！〟

〝ガンガジーだよ〟

こいつは《河》というヒンドウ語を知らない。一生河っぷちで暮しているくせに……。

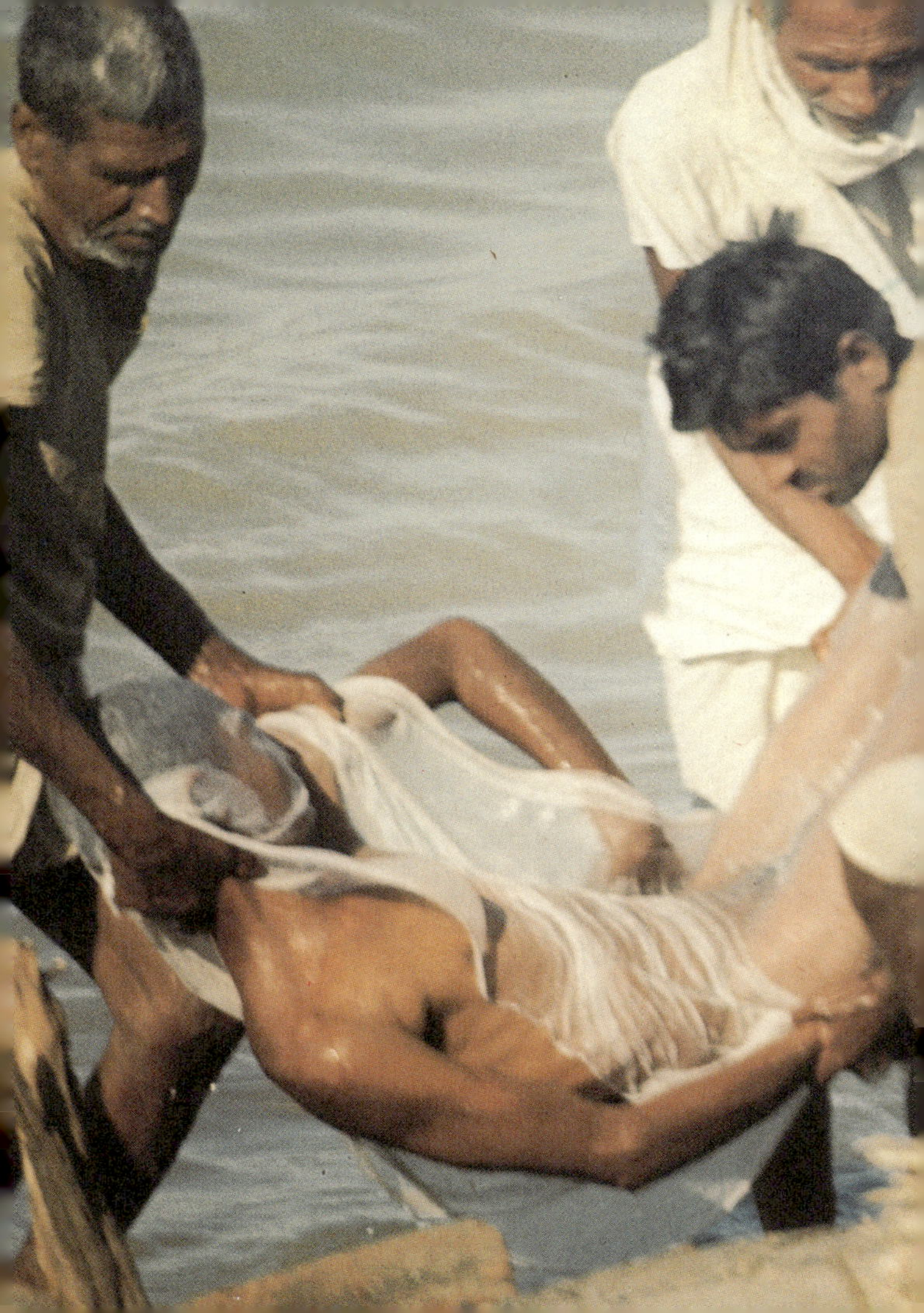

ガンジス河に対する三つの呼び名がある。「ガンジス」「ガンガ」「ガンガジー」。最後の「ジー」というのは、河に敬称を加えて人格化したものと思えばよい。

＊

死人を焼く材木を、きのうも、今日も、おそらく明日も、一生ひたすらに切り続ける男がいた。ぼくも材木を切ってみたくなったので、〝ちょっと、そのノコギリ貸してくれないか〟と言うと、彼は答えなかった。そして、黙々と材木を切り続けた。

＊

体いっぱい、色とりどりの花に被われた死人がやって来た。ぼくは写真を撮るために、オレンジ色の花の輪を買ってきた。

遺族の一人が、〝おまえはなぜ写真を撮りたいのか〟と尋ねた時、ぼくは返答に困った。

死人に近づいて、首に花輪をかけようとすると、その時、フッと、ジャスミンの花の香が、やさしく鼻をついた。

＊

死人と女には、なぜ花がよく似合うのだろう?

＊

ぼく〝あれは何だ〟
職人チョタ〝どれだ〟
ぼく〝何か、河に浮んだ白いものをカラスがついばんでる〟
チョタ〝何だ、マッチャールのことか、あいつはプラザ通りの菓子屋の息子だよ〟

＊

不思議なことに、インドでは変死人（病気、交通事故による死など）と幼児は、焼かずに河に流す。〝変死人と幼児は、己れの生命を全うしなかった。だから、回生の機会を与えられないのだ〟と、この火葬場の事務的な手続きをする男が言った。そう言えば、火葬者の遺族は、死者に対してあまり嘆かない。焼かれずに河に流されるものの遺族が、しばしば狂ったように泣くのをぼくは見た。

＊

焼却の材木代をいくらにするか、七ルピー（三百三十円）と八ルピー（三百八十円）の間で、焼方職人と自分の息子を焼いたおやじが争っている。それが二時間くらいも続いた。焼けてなくなってしまったものの値を争うというのも奇妙な話だが……

ラジギールというところで、質素な結婚式を見た時、神主と婿さんが、式代のことで争っており、その時もやはり七ルピーから八ルピーの間でもめていたことを思い出した。七〜八ルピーという単位の金は、どうやらこの国で人がその人生の海を泳いで行く上において持っておかねばならない、のっぴきならぬ単位らしい。

＊

突然、職人の一人が叫んだ。

〝ひっかけやがった〟

〝何を〟

〝小便だよ〟

そうか、時々火の中からピューッと水が飛び出すのは、あれは小便か。

＊

汚れた犬が、炭のようになった人間の骨の屑を、ガリガリ食っている。

何となくおもしろくないので、蹴とばそうとすると、こちらに向って来た。ここでは、犬どもが人間と犬との関係をまったく知らない。
ぼくのことを、それは食べるものだと思っている。

＊

向う岸に渡るために、赤い小さな旗を船首につけた変死者運搬船（水葬の者はこの運搬船で河の中央に運ばれて流される）に乗り込むと、一瞬、強烈な生臭いにおいが鼻をついた。不思議なことに、その後はまったくにおわない。そのにおいは、岸から船に乗り移った直後のほんの一瞬だった。何か訳があるのだろうか？

＊

一つの死体が浮んでいた。マリモのように、浮くでも沈むでもなく、黄色く濁った水面に、ほんのりと尻の丸みが陽光を受けて、本当にマリモのようになっている一人の男。

＊

世界のあらゆる人間の顔の中で、最も美しい顔の一つ、インド人。それも、二十四時間ガンジスの水にひたしたインド人の顔だと……きのうの夕方河に投げ込まれて、今日の夕方岸の近くに浮んでいた男の顔を見て、そう思った。

＊

ぼく〝なぜ頭を棍棒でたたき割るの？〟

職人〝頭は焼けにくいよ〟

じっと見ていると、なぜ足が焼けるのだろうと思う。頭が焼けても不思議には感じないのに……焼ける足、それは実に奇妙だ。

＊

人間一体を焼くのにかかる時間は約三十分、ぼくたちがやると楽にその倍はかかるだろう。彼らは人間の焼き方を、そのすみずみまで実によく心得ている。

＊

全部焼いてしまったあと、職人は河の水をかけて、焼きがらを河に流してしまう。

黒いコッペパン大の骨が頑強に残る。頭を剃って白い衣をつけた遺族の一人が、骨を風呂敷で包んで、河に腰くらいまで入って行く。骨は河の中央に向って、サッと抛り投げられた。小さな水の輪だけが、一人の人間の最後の名残りだった。

投げた男は、何もなかったように、ザブザブと無造作な仕種《しぐさ》で岸に上って来る。

＊

翌日、あと一体を残して作業も終りに近づいた頃、火葬の火が飛んで番人小屋が火事になった。

すべての人々が火事の方を見ていたが、一人だけまったく関係のない方を見ていた。……死人だった。

＊

今日もきのうも、三日前から焼かれずに、ガンジスの川辺に取り残された死人があった。きのうの風で衣がめくれて、ほとんど裸のようになっていた。……若い女。

〃あれは焼かないのか〃と尋ねると、〃だれかが置いて逃げたのだ〃と言った。

＊

三日目の夕方、アスマサーンの後方にある町の通りを、結婚式の楽隊がけたたましく通り過ぎた。それは実にけたたましい音だった。

＊

夜十時、通りの宝くじ売りのラッパ型スピーカーから、突然インド国歌が流れ出した。歌は、すべてが終った静かなるガンジスの上空を、まことに虚ろな調子でさすらった。黒いガンジス河の水面を、ふと、白い霧のようなものが走るのを見た。

＊

誕生――交合――死滅、という生物のたどる単純な図式、インドの民は私たち以上に、この三つの宿因を重要視する。

多くのヒンドゥ教徒は、頭の中に、誕生をその頂点とする三角の図式を持っている。つまり、誕生――交合――死滅――誕生――とこれらの三つの宿因は互いに連環しあって、蜒々と彼らの頭の中で回り続けるのである。

死は、現身《うつしみ》の終りを告げる悲しむべき、そして逃れ難い生物の宿命であった。しかし多くのインド人は、死を悼むとともに、華やかな次なる世界、つまり来世への門出だと考える。

＊

ガンジス……。

ガンジスには、およそこの世にあるもの何でもかんでも、ピンからキリまで流れている。たとえば、ドクダミの葉っぱの、あのへどの出そうないやなにおいから、ジャスミンの花の、あの天国に行けるにおいまで。

ガンジスに流れていないものはない。

たとえば、使い方がわからなくてほっぽり出してしまった電気洗濯機から、まだ電気がなかった時代に死んでしまった幾万という死者の骨まで……まったくガンジスに流れていないものはない。

そして、河の底の方で幾万という死者の骨が、ぞろぞろ、ぞろぞろ、ぞろぞろ、ぞろぞろ、海の方に向って流れているかと思うと、河の表面の方では、一九一〇年代に進水したオンボロ船が、一九七二年の今、食ったり食われたりして生きている人間どもを、ゾロ、ゾロ、ゾロ、ゾロ、ゾロ、運んでいるのだ。

そしてこの人間どもも、たとえば一九九九年頃になれば、ガンジスの底の方で、カタン、コトンと骨すれ合う音とともに、ゾロ、ゾロ、ゾロ、ゾロ、海の方に向って流れて行く。

ガンジスは……たとえば二〇〇一年になって、どこかの国で白いカラスが真黒な人間の子を生み落すようになっても、やっぱりそれは流れている。

砂嵐

熱風を避けるために閉ざされた、バスのガラス窓を通して、太陽に直射された白い砂丘が、目にまばゆかった。

夏の間は、根っ子だけが生き延び、外に出ている部分は死んでしまうのだと言われる、白っ茶けた灌木が、くっきりと砂地の上に影を落しながら、窓の外を、点々と過《よぎ》って行く。灌木の群が、ギクシャク歪んで見えたり、ダンダラ模様になって見えるのは、カゲロウのせいでも、蜃気楼のせいでもなく、質の悪い窓ガラスと、それにちょっとした道の勾配に乗り上げても、ガタン、ガタンと大げさに揺れてしまう古いバスのせいであった。

その、何もかもが歪んで見える、単色の風景の中に、突然、赤や黄の強烈な色の点が、ヒラヒラと、まるで蝶のような姿で立ち現れることがあった。砂漠の村々に住む女たちが、それである。

このラジャスタン女たちの纏《まと》った華麗な衣は、砂漠のただなかで、苛烈な陽差しを浴びながら、おそらく、一マイルも離れた男の目を、射ることができるだろう。

ぼくは、殺伐とした窓の外の風景を時たま過《よぎ》る、そのカラフルな姿を垣間見ながら、救いがたい視野の中に、まさに女を見た思いであった。そして、その赤や黄のヒラヒラしたものは、時として、暑さにうだるぼくの頭の中で、ある種の幻覚のようにも思えた。

バスは……相変らず、あえぐような音を撒き散らしながら、タール砂漠の南の一角に、かろうじてしるされた一本の細い道を、西北に向けて、ノロノロと辿って行く。

正午きっかりに、Bap《バップ》という名の街を発って、二時間も走った頃だったろうか……。どことなく窓の外が茶色っぽくなり、そして、灌木の影がしだいに薄れてゆく。

日没にしては、いやに早すぎるなと思っていると、急にバスが止った。いっしょに乗り合せた、十五、六人ばかりの土地の男や女が、窓に額を寄せ合って、西の空をうかがうようにしながら、何やらガヤガヤ言いだした。そして、カーキー色の軍隊服を着た車掌と運転手が、外へ出て、しばらく、やっぱり同じ方を眺めていたが、しばらくすると、二人とも車の屋根に登り始めた。そして、何やらガタガタ頭上でやっていたが、突然、ガタン！　と、バスの両の壁に何かぶつかる大きな音がして、車内が薄暗くなった。

よく見ると、長い丸太棒が裾にぶら下がった麻の幕が、窓ガラスの外側に下ろされたのであった。そして次には、フロントガラスにも、そして後部へと幕が下ろされていった。

暗く密閉された車内は、一瞬ぼくを盲にした。そして、いっそう車内を暑く感じさせる。と同時に、周りを知ろうという動物的本能が働いて、急にぼくの知覚神経が、目から鼻、そして耳へと転換していく。

自動車の安オイルのにおい……

葉巻……

やや甘くすら感じる人々の脂と汗の体臭……

人々はすでに、これらの事態が何を示すものか知っているかのように、意外と平静である。

やがて、しだいに目が慣れてくる。

……そして、うだるように暑い。

この殺人的な暑さの中を、〝いったい何事か？〟そばに腰を下ろしている男に聞いてみた。年のころ三十五、六、日に焼けて変色しかかった橙色のターバンを、頭に乗っけている。

薄暗い闇の中で、この土地特有の砂塵の色を湛えたような二つの眼球が、ぼくを見ていた。

もとより、このラジャスタンの辺境の一村民が、ぼくの英語を解するわけがなかった。

ぼくは、暗く閉ざされた窓をコツコツ人差指の先でたたいて、首を横に振りながら、怪訝《けげん》な顔をして見せた。

すると、男は黄色い両の目を丸々と開いて、ぼくの目を見た。そして、その部厚い、所々白くひび割れたような唇を、ちょっと前に突き出すや、ヒューッと、その尖った口から、また鼻から、自分の周りの空気を腹一杯に吸い込んだのである。

そして、息を吸い込む量が限界に達すると、キュッと口を結んで、両の頬っぺをパンパンに膨らませた。いったい、それは頭の上に乗っかった大きなターバンと助け合って、ちょっと奇妙なヒョットコ面《づら》であった。男はぼくの注意を逸《そら》さぬように、ぼくの目を追って、しばらくの間、そのヒョットコ面のままで我慢をした。

つぎに男は、開いた右のてのひらを肩のところまで上げると、小刻みに震わせて、ぼくの方に、何かを圧迫するような調子で近づけながら、突然尖った口から、ヒューッとぼくの顔めがけて、一気に腹にためこんでおいた空気を、吹き付けてきたのである。

一瞬、ぼくはたじろいだ。そして、何と非常識なことをしやがる奴だと思った。あのビディという安タバコと、青草の葉っぱと、脂汗とを混ぜ合せたような息のにおいに、しばらく顔を背けた。そして、この男が、苦労して何を言ったのか、さっぱりわからなかった。

五月一日、タール砂漠は真夏であった。

荒れた砂の原野……燃えたぎる南タールの大地の一角に、針で押したように、たよりない一点の物体があったとするなら、それはおそらく、私たちの乗った、その二十人乗りの古いバスのことであろう。

その小さな点は、ちょうど、砂漠に生きる小さな黒い昆虫である糞ころがしが、ある日、不意にぼくの指によって突っつかれた時のように、すべての足をこわばらせたまま、禍《わざわい》の過ぎ去るのをジッと待っている仕種に、似ていたに違いない。

バスは動かなかった。

暗く密閉された車内の温度は、みるみる上昇した……ただ、走っていることによって耐えてきたこのうだるような暑さは、すでに、人の耐えうる限度を越えつつあった。

じっと耐えながら、目をつぶる。体じゅうの、皮膚のあちこちに流れる汗が、いく筋もの線を引いていった。

運転手が、エンジンのキイを切る……バップの街を発った時から、破れ鐘《がね》をたたくようにすさまじい音をたてて、人々の会話や外界の音のすべてを消し去って来たエンジンの音が、ピタリと止むと……そこには、恐ろしいほどの静けさがあった。いっしょに乗り合せた十五、六人の土地の男女も、この一瞬やって来た暗闇の中での奇妙なしじまに、口を閉ざした。

何かが起ろうとしていた。

ぼくたちの沈黙は、おそらく数十秒続いた。

しかし、それはつぎにやって来る何かに対する恐れと言うより、いったい、いつまでこの熱地獄が続くのであろうか、という気持のあらわれのように思えた。

そして、いったい何がやって来るのか、という好奇心が、暑さで朦朧としたぼくの頭の中を、かすかに去来した。

……ぼくたちは黙って耐え続けた。

薄暗い車内で、人々はあまりしゃべらなかった。そして外界になにがしかの兆を聞きつけようと、耳をそばだてているようであった。

前の席で、太った女の抱いていた赤子が、耐えかねるようにクークーと泣き出す。ぼくは後ろの席の一角で、この異様な雰囲気を探索していたが、それはまさに体をがんじがらめに縛りつけられた人間のそれであった。

運転手がマッチを擦って、タバコに火をつける。

窓の隙間から漏れる光に、青い煙が垂直にのびているのがわかる。

……風はまったくない。

車内の二、三カ所で、ポツリ、ポツリと赤いタバコの火がつき始める。

砂漠の中の女を見て、幻覚を覚えた時以上に、それらの火はぼくにとって現実性を欠いていた。ぼくの意識は、かなりゆれ動いていた。

その時、不意に前の方から、ガラガラした大きな声が聞こえて来る。不相応に立派な髭をたくわえた、例の太っちょの運転手であった。土地の言葉なので、いっこうに聞き取れない。ロバールという、つぎにこのバスが着くべき土地の名称が、何度か運転手の口から飛んで出た。

しばらく話していると、〝ジャパニー〟という言葉が出て来た。すると、突然、暗い車内に笑いがまき起った……運転手が、何か剽軽事《ひょうげごと》を言っているようだ。ぼくの横のさきほどのヒョットコ面が、笑いながらぼくの肩をポンポンとたたく。暗闇の中で、たくさんの視線がぼくに注がれている……多くの目が笑っていた。ぼくも、何やらわからぬままに笑った。

笑ったあと、なぜか不意に憤りを覚えた。

ぼくはその時、感情を表現することが苦痛なほどまいっているのを知った。そしてぼくは再び、椅子の背にもたれかかった。

人々は暑さに対して、極端に強い人種であるように思えた。

いまいましいことに、人々のおしゃべりは、それ以降活発になった。

ぼくは薄目を開いてじっと、前の方でユラユラしている赤いタバコの火を見ていた。

人々のおしゃべりはウォンウォンとぼくの耳に無意味な音となって空転した。

すでに時間の観念は失われていたが、それから長い時が経ったように思えた。息苦しい。さすがに土地の者もまいったのか、ポツリ、ポツリとおしゃべりをやめていった。

車掌が前の方で何かガタガタやっている。そして、外側に幕のかかった入口の戸を押し開いた……急に前の方から、車内がパッと明るくなる。入口をくぐり抜けて外に出た車掌が、またすぐに帰って来る。そして訳のわからぬ大声で何か言う……バタリと戸を閉める……また車内が暗くなる……人々のざわめきがまた始まる……。

ちょっとした状況の変化に、なにがしかの期待を抱いたぼくは、またゴトリと椅子の背にもたれかかる……また全身に汗がふき出す……前よりいっそう苛立しい気分になる……。

しばらくして、また人々のざわめきがおさまりだした頃、ぼくのまどろんだ思考は、ある種の予感の上に立たされていた。

前の方から、不意に、インディアン・ビディという安タバコの煙のにおいが、鼻をプンとついてきたからだ。

車内の空気が動き出したのである。

車内でボソボソ言っていた土地の人々も、何かの兆に感づいたようであった。

再び沈黙が訪れた。一人二人とタバコの火を消して行く。

そしてそれから数分の後、ぼくたちの長い沈黙と忍耐とは、はるか上空を通り過ぎる一陣の巨大な風のかたまりによって、突然打ち破られた。

ボボボボボボボボボ、ゴゴゴゴーッ

それは不意にやって来て、十秒と経たぬうちに通り過ぎたのであった。

ぼくはただ驚いた……ゾクッとして身を縮めていた。

巨大な風神の咆哮ははるか上空にあって、あらゆる地上の生き物を震撼させるだけの蛮力に満ちていた。

いわゆるそれは、砂嵐の使者というべきものだった。

《砂嵐の使者》が通過して、約五分の後……まるで、血に彩られる饗宴の前に、巨獣の舌が獲物の皮膚を弄ぶかのように……あらゆる角度から、気持の悪いほど優しい風が、ザワザワとバスの周囲に絡《から》んできた。

ぼくは暗闇の中で息をこらしながら、なぜか本能的に〝とうとうやるな〟と感じていた。

そして、それからものの数分と経たぬうちに……ついにその巨獣は、したたか募らせた欲望を一挙にはらすがごとく、猛然と荒れ狂いだしたのであった。

ぼくはあわてて、皆がやっているようにあり合せの布で顔を被った。

最初のやつが、ゴボゴボゴボーッと床の下をえぐった……ザザザザッビシッビシッバシッバシッと、車の外側の壁や降ろした幕に、砂鉄砲がぶち当る……と、突然、静かになる……赤子の泣く声が聞える……グォーッとまた突風がなぐりつけて来る……ヒュルルヒュルと、窓や天井や床やあらゆる隙間から風が吹き込む……暗い車内に砂が舞う……キナくさい……誰かが咳込む……ガタンガタンと窓の幕がめくれる……外は真黄で、何も見えない……めくれた幕の間から、黄色い光が弱々しくさし込む……砂煙でむせかえった車内で、背を丸くした人々の姿が、黄色い光に浮き出る……。

ぼくはタオルを口と鼻に押し当てて、前の席の手摺につかまったまま、うつむきかげんにじっとこれらの状況を見ていた。そして、あの長い沈黙と忍耐の時よりも、なぜだろうかいっそう気持は軽《かろ》やかであった。

砂嵐は、それから十数分の間、したたか荒れ狂い、たたきつけた。

そして、それはまた、あっけなく終りを告げたのである。

最後のひと荒れが来て後、風は急におさまった。そして砂嵐が、いつ、どのような状態の時終るのかということを、砂漠の住民はよく心得ているかのようだった。ぼくとしては、まだ続くのではないかという気持だったが、ぼく以外の者は皆、最後のひと荒れの後、やっと終ったというふうに、闊達にしゃべり出した。口に当てていた布をはずして、それで顔を拭いたり、パンパンと衣服にこびりついた砂塵を払った。ぼくも服の襞に溜った砂を、バサバサと払った。皆が皆そんなことをやるので、薄暗い車内は、前よりいっそう砂煙が立ちこめた。歯を合せると、砂がガジガジいう。ペッと唾を吐く……。

やがて、窓の外の幕が上げられる。

外は相変らず、モヤがかかったように黄色い。フロントガラス越しに前方を見ると、やや黒ずんだ色の道が、黄色いモヤの中にあって、それは二十メートルも先の方で、砂塵の中へと消え入っていた。

……風はない。

軍服姿の運転手が、後ろをふり向いて言った。

〝カタム・ホギャー〟(終ったぜ)

やがてぼくの耳に、キュルルン、キュルルンと、あのエンジンを始動させる快い音が伝わってきた。

西の地平に、緑があるように思った。

しかし、それはすぐ錯覚だとわかる。砂塵が遠くを白っぽく不鮮明にしているので、ときおりそこに、あらぬ幻影を見たのである。

ウソの緑の上空、ぼくから四十五度角の位置に、砂塵の厚い壁を突き破って、白く輝く巨大な物体があった。

幻影ではなかった。

巨大な物体の放出する熱は、常識をはるか越えた量で、ぼくの小さな額になぐりかかってきた。……暴力であった。

《砂》は、バスの中から見た時よりも粗暴であり、かつ、攻撃的だった。かげろうも立たぬ、カラカラに乾き切った砂は、もろくも足もとでくずれ去って、歩みから確かさを奪った。砂は、きわめて高い温度に達していた。熱い天と地の間に生きものの姿は、見えない。

太陽の銀輪をかろうじてまぬがれた、西北の空の青は、ほとんどこげついて、みじめな色に変っている。

ぼくのめざす町は、そのこげついて黄ばんだ空の下に在るはずだった。町の名は、パロディと言った。

中都市、ジョドプールから、ロハワットという町まで汽車で行き、ロハワットから、パロディ行きの古いバスに乗ったわけだ。ほとんど砂をかぶった一本の道を、バスは、あえぐような音を立てて、蹴散らした。熱風を避けるために閉め切った窓のすき間をぬって、きなくさいものがにおった。砂漠であった。

パロディの手前、七マイルのところに、ほとんど人の見あたらぬ小さな村がある。その村は、砂漠のところどころにはえているトゲのある赤茶けた雑草と同じ仕種で、かろうじて砂地にへばりついていた。先刻、ぼくは、その村からパロディの町まで歩くことにして、バスを降りたのであった。派手な橙色の、大きなターバンを頭に乗っけた男が二人、ぼくの後からバスを降りて、村の中に消えて行く。実直そうな二人は、ぼくと目の合うのを避けて、無関心を装ったが、二人がぼくに対して、たぎるような好奇心を持っているのは、彼らの後ろ姿からも確実に読めた。

遠く、バスの土煙を目で追いながら、パロディの方角を確かめたあと、村に少し入り込んだ所にある、名前のわからない、妙にクニャクニャ曲った背の低い木の蔭で、しばし休息をとる。

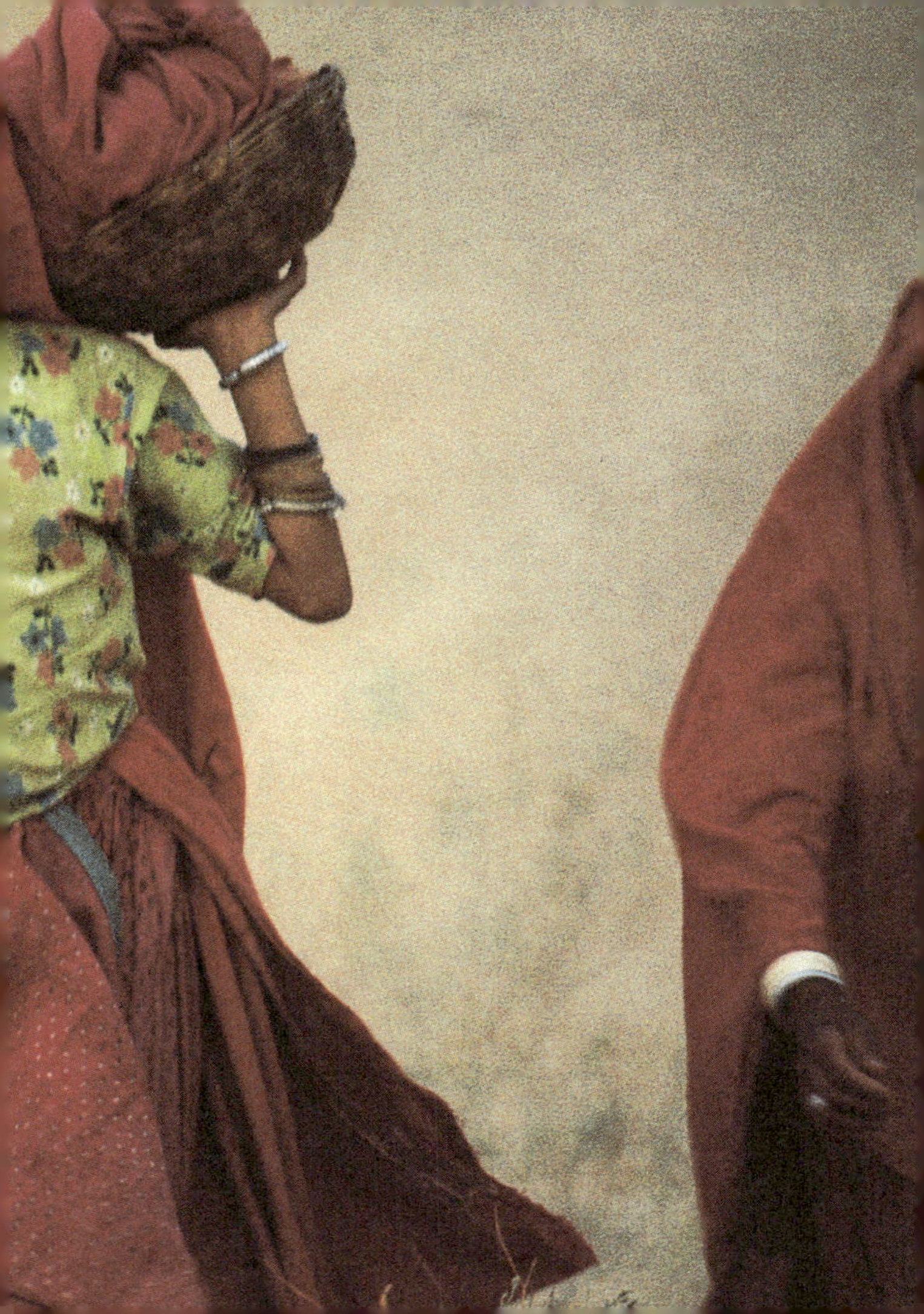

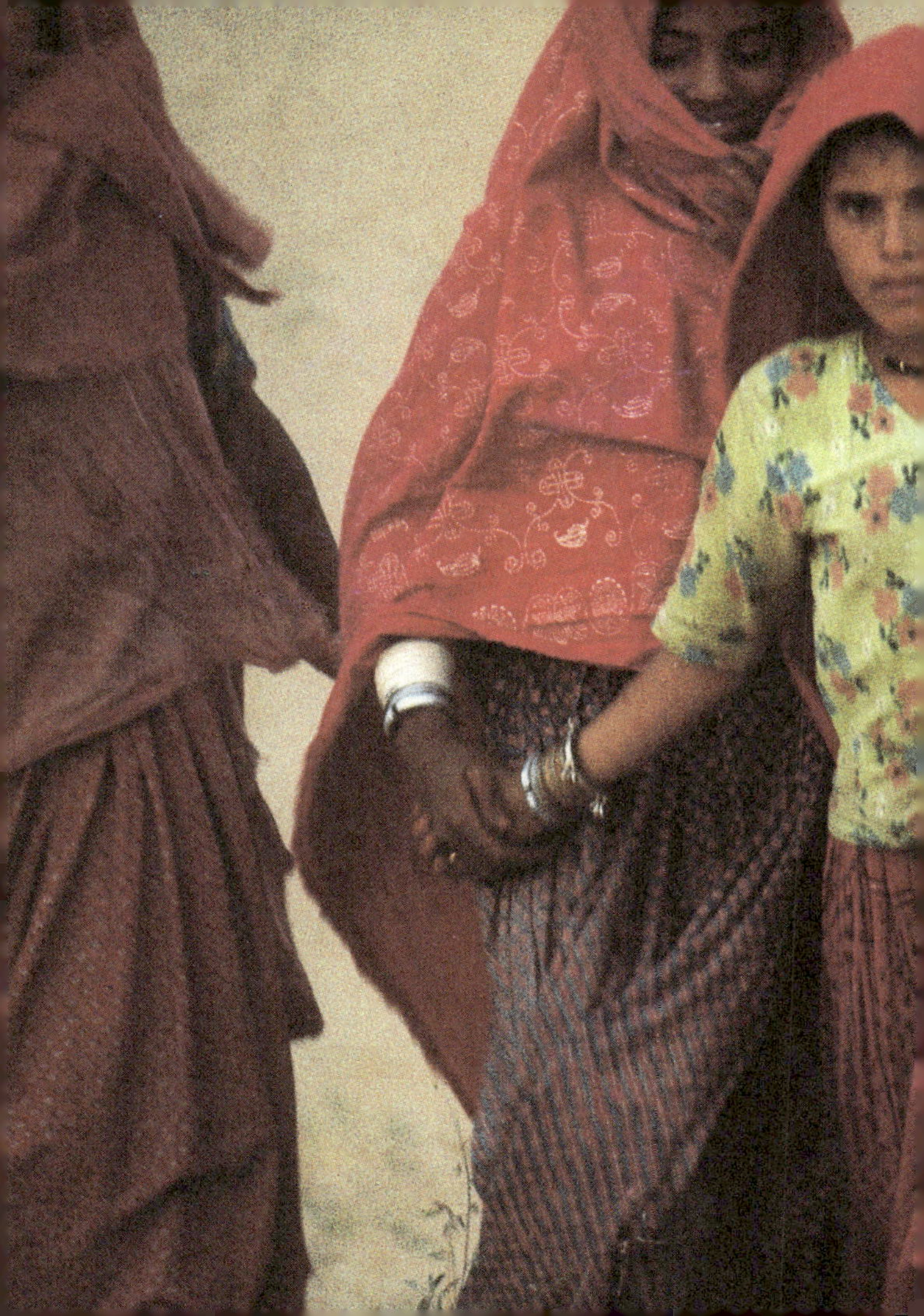

乾いた風がひとしきり、首すじから汗をぬぐい去った。何かが風に触れる音。真冬の木枯しの音に似て……だが暑い。

村は沈黙を食んでいた。ひとわたり見まわす。壁だらけだ……この村は。白っ茶けた部厚い土の壁……いったいあの土、この砂漠の中の、どこから持ってきたのだろう。まさか、あのちっちゃなガタガタのバスで、運んできたのでもあるまい。それとも、このサラサラの砂を、固める方法でもあるのだろうか。まあ、そんなことは、どうでもよいのだ。ただ暑い……村は静かであった。

すこしたって、突然、クックッと人の笑い声が、耳もとで聞こえた。誰が笑ったのかというと、つまり、ぼく自身だった。何となく、自分で笑ったような気がしない。笑いの意味を知る前に、突然ぼくのノドが、クックッと笑い出したのだ。この、身の程知らずめ！　と、笑いをかみ殺しながら、なぜ笑ったのかを考えた。しかし、笑うべき筋合の何ものも、ぼくの頭には浮ばなかった。確かに、何かがおかしかったのだが……ぼくは思いめぐらした……確かに、それはまどろんだ《記憶》と言えるほど……今しがたの奇妙なおかしみは、遠く、はるかに遠く、人の思念をよせつけぬほどに、遠くへと飛び去っていた。

……そして、村はやはり、静かであった。

しかしやがて、村の沈黙を破る何かの音が、ぼくの耳に触れた。乾いた音だ。その音は、含みを持たぬところから、片張りの太鼓のようであり、音のふれが曖昧なところから、その太鼓のどの部分かが無作法に破れていることは、容易に推測できた。そして、このぶざまな音の太鼓をたたいている人間も、その太鼓と同じように、なげやりな態度で太鼓に向っているのであろうと、ぼくは推測した。

三つ、ダバ、ダバ、ダバ、と、緩慢なリズムでたたいて、それから、おもむろに二呼吸くらいおいて、それからまた三つ、ダバ、ダバ、ダバと、たたいている。それが白痴の子の遊びのように、執拗にくり返されているのであった。

二十分ばかり休息をとった後、ぼくは近道をするため、左手を迂回しているバス道路をはずれて、パロディに向った。色あせた、軍隊服のようなのを着たバスの老運転手は、さきほど、ぼくがバスを降りる時、直線方向にパロディを指差して、「六マイルだよ」と言った。

パロディに向って歩き始めた直後、五、六メートル向いのところにある木戸が、突然、とりみだしたように、〝バタッ〟という大きな音をたててしまった。ぼくはその木戸を過ぎたところで、村の方に向って〝じゃー、サヨナラ！〟と、日本語で挨拶をした。少なくとも十五、六人の村の男や女どもが、この奇妙な人間の奇妙な挨拶を、物陰に身をかくして、おったまげて聞いていたはずである。

村の出口で、砂漠からの風のちょっとした吹きだまりのようなところの地面が、紅色をしているのを見た。近づいてみると、それは、親指大ほどの花ビラの集まりだった。ふッと熱い風が時たま吹き込んでくると、紅が小さく舞った。そしてすぐまた、もとのようになった。枯葉のように、カサ、カサ、と音をたてて舞った。花ビラのたくさんあるところを選んで、てのひらにとってみる。軽い花びらだった。てのひらを結ぶと、それはぼくの手の中で……粉々にくだけた。

枯葉よりも弱い花びらだった。村の方々を見わたしても、どこにも花のようなものは咲いていない。ぼくは、不思議な花だなと思った。


村を出て、ずいぶん歩いたように思ったが、村の太鼓の音は、トントンとまだ聞えた。一時間も歩いただろうか。肉体の抵抗と、外部の抑圧は、ほどよい均衡を保っていた。ぼくは、たいへん良い気持になっていた。歩みの一つ一つが、自分の持つ精神的なもののいっさいを、砂の中に葬り去っていくように思えた。その時、砂丘は尊く、おごそかに見えた。だが、それはいつまでも、ぼくを有頂天にはさせておかなかった。あたかも、幸福の状態は苦痛の訪れる前ぶれであるかのように、ふと、「暑いな」と思った時、太陽は急激にまぶしくなり、砂は、何か地の底の熱を吸いあげるように燃えだした。

多少とも風が吹く時、体のまわりの温度は倍加した。時間の経過とともに、肺は吸い込む空気の熱によって、重苦しいものとなった。水は、湯のようになって、ノドを潤さなかった。

しかし、最もぼくを悩ましたのは、風景の中に、影がないということである。

これらの風景の中で、最も涼しい部分というのは、他ならぬ、自分自身の影なのだ。ぼくはこの、縦幅百六十七センチ、横幅五十センチなにがしかの小さな影を、いかに有効に使うべきか、まことに、あほらしいほど真剣に考えた。……しかしそれは、自分の影というものの性質に対する、恐るべき誤解と言わねばならない。

こんな状態で、半時間もさらに歩いた頃だろうか。ぼくは自分の脳裏に、恐ろしいものの走るのを見た。それは、まったくぼくの不意をついて現れた。清涼飲料水、コカコーラであった。

ぼくがなぜそれを恐れたかと言えば、一つの伝説と奇蹟的な一致を見たからだ。ぼくはその伝説を、ベナレスで一人のドイツ人から聞いた。それは、遊牧民的心情と都会的体質を兼ね備えた、奇妙な人間の、最期の話だった。それは、ちょっと滑稽で、うら悲しく、今のぼくには恐ろしい話であった。

《アフガニスタンの砂漠で、アメリカ人ヒッピーが、ある清涼飲料水の名を叫びながら、のたれ死んだ》と言うのである。

たった、これだけの話である。ぼくはその時、ちょっと笑って、それっきり忘れてしまっていた。だが今、ぼくの前に、その話とそっくりのものが現れたのだ。ほんの一瞬だったが、ぼくの見たものは、完璧なまでに細部を持っていた。

透きとおったサップグリーンのおりなす、冷たい光の交差の中を、赤褐色の液体が、今にも噴き出しそうに白い泡を飛ばした。グラスの表面には、冷たい水の粒が噴き出た。その背後には、ぬけるように青い空さえあった。カラーテレビのブラウン管に映る、コカコーラそっくりだった。

それは、驚くべきことに、かつて現実に、その容器を手にした時以上に、完璧な視覚をぼくに与えた。ぼくは砂漠の真中で、《ひょっとすると、これは死神ではないか》と思った。すでに、ぼくは逃げ腰であった。南寄りに進路を変え、道路に出ることに決める。道路までの一マイル。ぼくは、ぼくの頭の中に出てくる、恐るべき蜃気楼を打ち消すため、バッグからポケット・トランジスターラジオを取り出して、ダイヤルをひねった。アジメール・ラジオサービスというのが出てきた。しばらくすると、どこやらのグレート・セイント（大僧正）というのが、温厚な調子で説教を始めた。いろいろ言っていたが、話は、要するに、《朝風呂に入れ》と言うことだった。朝風呂は、六時から八時の間に取るのが最も良い。朝風呂を取ることによって、われわれはいかなる徳を得ることができるか、彼の朝風呂の論理は、単純なかたちで、夫婦間の不和、作物の出来具合にまで言及した。そして、これらのものが、すべて国をよくするのだ、と言った。最後に、朝風呂が好きだったインドの英雄の名前を列挙した。すると、バックに何やら荘重なインド古典音楽が流れ出した。英雄の名は、ほとんどぼくになじみのないものだったが、ガンジー、タゴール、ネールなどの名前を聞くと、この人は、死んでしまった英雄に限って、朝風呂に入れているらしい。そして突然、アメリカの英雄、ケネディの名が飛び出した時には、ぼくはおかしさのあまり、この楽しい夢物語から、再び砂漠の現実へころげ出てしまった。

そこには、くさい息をはく一頭のラクダと、ラクダに引かれたトロッコの上に乗った二人のラジャスタン女と、子供を含む四人のターバンの男が、ぼくの動きのいっさいを注視していた。すでに道路であった。ぼくは彼らの了解を得ることなく、パロディを指差しながら、まったく横着な態度で、トロッコの上に這いずり上がった。彼らはぶっきらぼうに、ぼくの身勝手を許していた。が、一息継いで、ぼくが苦しまぎれに笑いかけると、赤いガグラ（ラジャスタン地方のスカート）の女が、夫らしい男の方を見て、キャーキャー言って喜んだ。男たちは、はにかんでいた。一人の黄色いターバンの男のはにかみは、糞のいっぱいこびりついたラクダのケツを、思いっきり棍棒でぶんなぐることによって表現された。

五月二日の、午後五時ごろであったろうか。突然、一頭のラクダのケツは痛みに耐えかねて、砂漠の一角を、パロディに向けて走った。熱い風が、ぼくの頬をなぐった。

からさわぎ

パロディの街のさらに西の空が赤く焼けて、東の空に闇の兆が見え始める頃は、当然ぼくはこぢんまりした安宿の一室で、シャツやリュックにこびりついた砂塵を払い落し、裸になって水をかぶり、それから、今日一日の無事を保証してくれた何かの神にちょっと挨拶でもして、安らかな眠りに入るはずだったが、ぼくの守護神は何を血迷うたか、最後の最後につまらぬいたずらをやってのけるのであった。

つまり、西の空が赤く焼けて、東の空に闇の兆が見え始めた頃、ぼくは、数えて三十二人と二匹のくそ面白くもない生きものと対面中であった。

村役人……〝して、君の国の生産というものは、いかなる型で国民に還元されているのであろうか。ミスター・フジワラ〟

確かにこいつは気取っているのだ。日本の国民生産がいかに国民に還元されていようと、このインド砂漠の小さな村の小役人の知ったことではないではないか。

仕方なくぼくは答える……〝あまりうまく還元されていないであろう、第一ぼくのこの汚れ

たシャツを見たまえ、あなたのより汚れている〟（小役人笑わず、聴衆に現地語で何やら通訳した後、次の質問に移る）

〝して、君の国で何か社会的な大きな問題があるとしたら、いったいそれは何であろうか、ミスター・フジワラ〟

このようにしてこの不毛の砂漠の一角で、あまりにそらぞらしいこの不毛なる対話集会は二時間も続いたのである。

パロディに着いて、ちょっと茶店でチャイなどと考えたのが間違いのもとだった。

近来見かけぬ奇妙な人種が、ラクダに引かれてどこからともなくやって来たのであって、この近辺のインド人というのは、好奇心に加えて暇を持て余しているものが多い。特に茶店にたむろする連中ときたら、幸か不幸か彼らの所有する人生の大半は、余暇というものの大海をさまようているのである。つまり、彼らにとって、ラクダトロッコ付きジャパニーズの到来は、彼らのそののっぺりした人生の樹に何らかの節々を与えるであろうと、遠くヒマラヤの方《かた》からシバの神がよこした、まさに奇蹟の人なのであった。

茶店から毎日掃き出される廃棄物を食って生きている、あの、お尻に糞のこびりついたまま、ドブネズミのようにうろうろしている、黒い二匹の犬までが、この何らかの異変に気がついたのであろう、妙に興奮して人垣の周りを走り回った。

一匹は、首尾良く人々の足もとを擦り抜けて、一等前の人間の股ぐらからヒョイと顔をもた

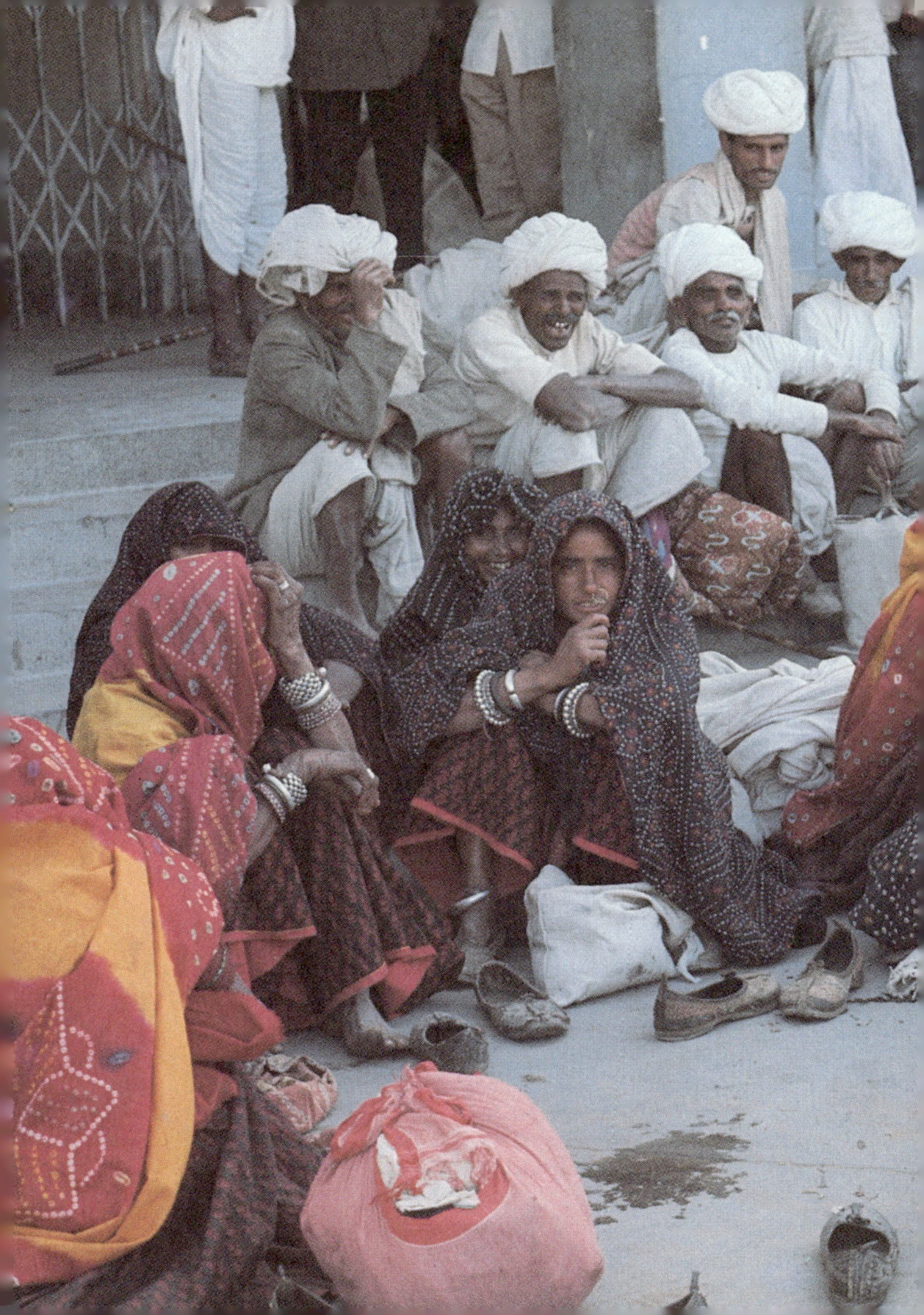

げて、ぼくを見る。〝何と間の抜けた顔だ〟、小さい時から満足に食っていないのであろう。慢性栄養失調からくる知能の遅れが、その目やにのこびりついた白内障気味の目玉から、明らかに読み取れる。黒い鼻だけが、ピクピクとせわしなく動いている。

二十人もぼくの周りに人垣ができた頃、どこから伝え聞いたものか、今下ろしたばかりの真白いクッタとドウティを風になびかせてさっそうとやって来たのが、例の小役人であった。食い物が良いのだろう、デップリと太っている。腰に巻いたドウティの裾を、左手の指でちょいと持ち上げて、出っ張った腹を左右に揺すりながらそぞろ歩いて来るのは、これはインドのちょっとした街の小役人が好んでやりたがる粋な恰好なのである。

二十人の閑人をかき分けてぼくの前に来るなり、彼は、ドウティの裾を持ち上げていない方の腕をニュッと出して、握手を求めて来た。彼がやけに力いっぱいぼくの手を握りしめるのは、初めからわかっている。

〝ハウ・ルーユーウー〟

彼は握手をするなりそう言った。聴き取りにくいが、これはれっきとした英語なのである。何と言ったかというと、〝ハウ・ドゥーユードゥ〟と言ったのである。ではなぜ、〝ハウ・ドゥーユードゥ〟なのに〝ハウ・ルーユーウー〟と言ったかというと、これはちょっとこみ入った事情があるのだ。

つまりこの小役人は、言語障害でも精薄者でも何でもない。つまり彼は《パン》というインド風噛みタバコを食ったまま話しているに過ぎないのだ。

石灰や銀紙にくるんだ苦甘い香料、ドングリのような渋い味の木の種、その他数種の得体の知れぬものを、ニッケとドクダミを混ぜたような味のする青い葉っぱにくるんで、口の中に抛り込む。これが、この小役人の食っている《パン》というものである。けったいな味とか珍味とか、常識的な言いまわしでは通用しない。

それは文字どおり怪奇な味であり、まさに無謀な味であり、それは味というにはあまりに秩序を欠いている。音にしてみれば、楽団が何かを演奏する前の音合せのように、カネやタイコやラッパが、それぞれかってにやっているような感じで、とどのつまり、何を食っているかさっぱりわからない。そして、さらに馬鹿げたことに、この味の混乱は舌から味覚神経を奪ってしまう、つまり口の中がしびれるのであって、それより先、心ならずも我々は不可知の世界に入りこまねばならない。たとえば、インド世界的混沌を、そのまま口の中に抛り込んだようなものである。

唾が大量にやたら出てくる。ペッと吐くと喀血したように唾が赤くなっている。そしてまた口の中でモグモグやってパッと出す。これを何べんもくり返すのである。

中毒性があって、これの愛用者は歯や唇が赤っ茶けてしまって見た目が悪い。だが、食っている本人はいっこうに気にしない。《栄養があるか》と聞くのも馬鹿な話で、これは単なる嗜好品である。

つまり、この小役人は、そのような奇態なものを口に含んで話すから〃ハウ・ルーユーウー〃となるのである。

〃ハウ・ルーユーウー〃なんて、初対面の人に言って失礼にならないのかというと、やはり失礼なのであって、彼もそれを知っているはずなのだ。ではなぜ彼がそれをやるかと言えば、それはひとえに、彼の少々見当の外れた虚栄心からくるものだ。

たとえば、くわえタバコをしたまま〃や、初めまして〃なんてのが、ちょうどこの部類に属するのであって、人を軽んじたジェスチュアを作りながら、得体の知れぬものを正面受けて立つことを恐れる一種の自己防衛なのだ。

このような類型がインドの小役人に実に多いので、もう少し詳しく説明すると、この、プランと称する四十二歳の小役人の下顎には、今、パンと唾液の混合物である赤い液体が波打っている。実にこれが〃ハウ・ルーユーウー〃とか、〃ウェアユーコムホム〃（ホエアアーユーカムフロム）とか言わせるのだが、もう一つ、下顎に液体をためておくのは、この小役人にとって得も言われぬ妙味を与えることになる。

つまり、下顎に長く液体を止めておくには、当然受け口となる。だからパンの味が最も絶妙だと言われる、この、今にもこぼれんばかりの液体が口に充満した時、彼は下顎を突き出しながら顔全体を上向きにしなければならない。これは何を意味するかと言えば、彼は労せずして人を見下しながら話をする、というような物理的結果を生む。

真白いドウティの裾を二本の指でちょいと持ち上げて、人を見下した恰好で、〝ハウ・ルーユーウー〟というこの腹の出っ張った田舎の小役人が、いったい何者であるか、それは推測を必要としないのである。

人だかりの最高潮を見計らって、彼はぼくと彼自身の前に汚い木のテーブルを並べて、ついに、あの恐るべき長ったらしくて空疎な政治談義の始まりとなったのだ。

三十二人と二匹の聴衆は、その意味が解っても解らなくても、そんなことはどうでも良かった。

あの東の方からやって来た奇妙な人間が、ボソボソと声を出すのを見てはうきうきした。チャイを五杯もたて続けに飲んだ、と言っては喜んだ。犬の頭をなでるのを見ては、顔を見合せ、そしてどこかで一人が下手くそな犬の鳴声を真似た。

〝して、君の国の大統領の名前は何というのであろうか、ミスター・シンヤ・フジワラ〟

ぼくはニッポン国首相の名前を思い出す前に、かすかな頭痛を感じた。すでにぼくはもう疲れていた。それにこの小役人、口の中のパンをとうとうペッと全部吐き出したかと思うと、インド訛りの英語を、聞くに耐えない速度でもってしゃべり出したのである。このとてつもなく速いスピードで英語をしゃべるという技術をひけらかすのも、インドの小役人に多い類型だ。

ぼくは、彼の赤茶けた口から矢のように飛び出してくる訳の解らぬ言葉の中から、単語をポツポツ拾い出しては継ぎ合せてみた。

空虚な言葉の羅列は止ることがなかった。

そのうちに、いくらか場になじんだやじ馬の中から質問が飛び出してきた。若い男が目を輝かせて言うには、〝あなたの時計はスイコー（セィコー）か〟

老いた者が、かねがね、やじ馬の最も疑問だと思ってることを代弁するように、周りを見渡しながら言った。

〝オマエの髪の毛は女のように長いが、なんでだ〟

皆がドッと笑う。

最初は通訳していた小役人は、質問の数が増えるにつれて、自分で勝手に受答えをしだした。もう、ぼくのことは何でも知っているつもりなのだろう。時々、ドッと笑いが入る……何を勝手に答えているのやら。

そしてとうとう、質問の途切れるのを見計らって、小役人は何やら演説を始めた。やじ馬がおもしろくなさそうにしているのを見ると、また政治演説でもやっているらしい。

ぼくは黙ってチャイを啜る。素焼きの陶器の土の香は、心なしかぼくの気持に落着きを与えてくれる。じっと目を瞑る……まぶたの裏で、昼間のあの巨大な太陽が、サンサンと夢物語のように輝いていた。

砂漠の中の小さな村……三十二人のやじ馬と、疲れてちょっとうら悲しくなった英雄……完全に何かが狂ってしまった太っちょの阿呆者……二匹の痩せ犬。

それぞれの自分勝手な興味が、やがては消え失せようという頃、一人のやじ馬は、まぐさをかつぎ上げては家路に急ぎ……一人のやじ馬は、ぼくが会話の中で使った不恰好なヒンドゥ語を口ずさみながら群を離れ……こうして、好奇心の持続を怠った順に……あるいは彼らのその晩のちょっとした他の目的の為に、三々五々、このたわいもないやじ馬の群はその包囲の輪を解いていった。

聴衆に無視されたラッパの音は、鈍るのが常であれば……阿呆な小役人の吹き鳴らす偽りの飄落《ひょうらく》も、すでに時間の問題であり、その兆も、彼の白けかかった笑みの中に、徐々に姿を現しつつあった。

ぼくはぼくで、そろそろ宿を捜さにゃなるまいと思いつつ、涸れきった喉を潤すべく、何杯も何杯も、ひたすらにチャイを飲み続ける。

これらのからさわぎが、くだんの痩せた二匹の犬にもたらしたものも……当然ながらただの疲労であり、すでにそれは、道の端に寄り添う二つの小さな黒い物体となり、こんこんと深い眠りの中に落ちつつあるかのようであった。

月の光が、すでに、青と黒の二つの色のしじまに、すべての事物を塗り込めようとしていた。

《サラーム・アレイコム》

ぼくは太陽ならぬ月に向って、西の民族の聖なる祈りを投げかけた。

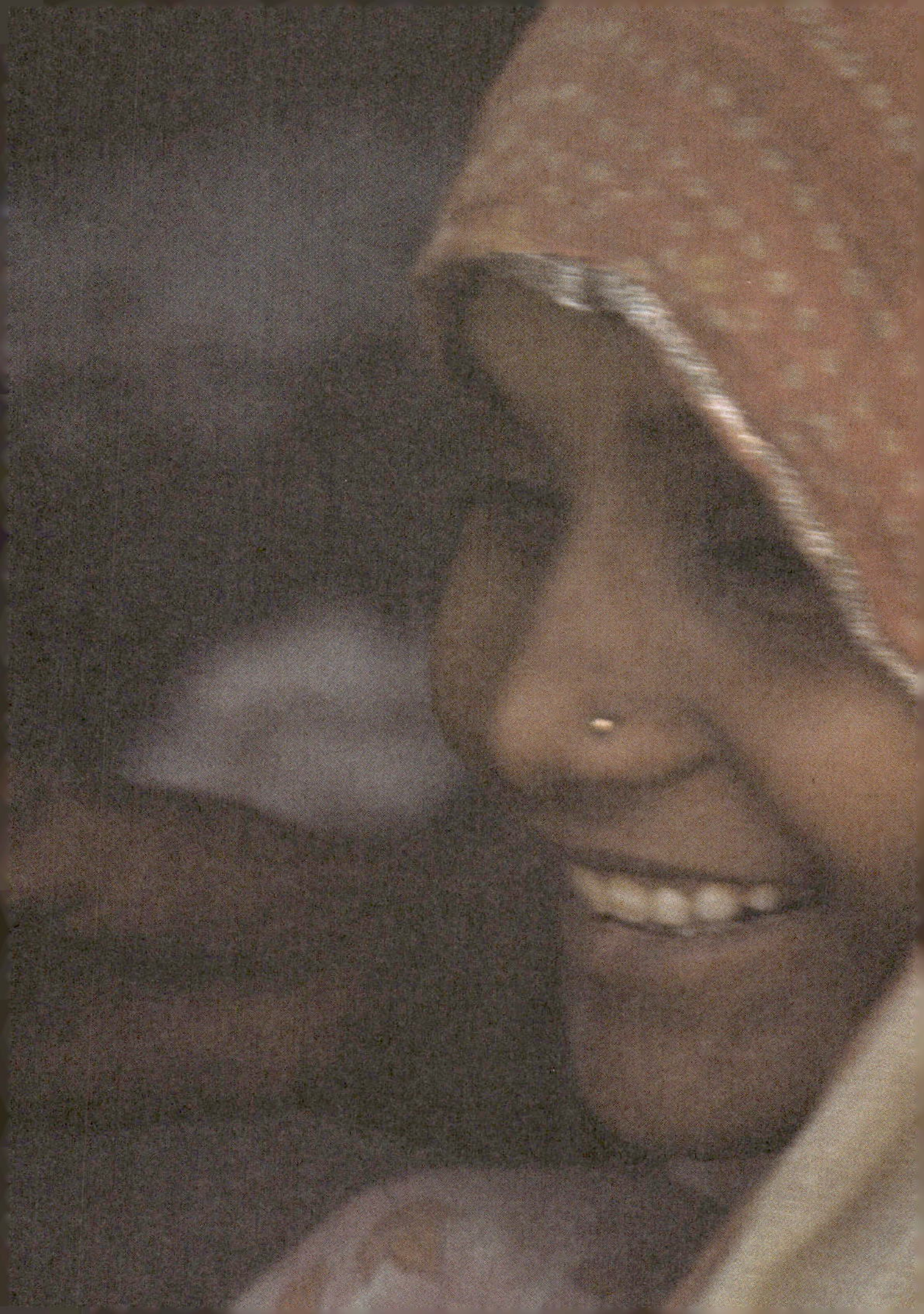

はたして、どのくらい眠ってしまったのかはさだかでないが、あの奇妙な〝音〟に耳をくすぐられて、茶屋の長椅子の上で飛び起きた頃には、外に人影はなく、茶屋の隅の方で暗い電燈に照らされて、居眠りをしながら、時々思い出したように茶《チャイ》をすすっている一人の老人の姿が見えるだけであった。

だが、老人の茶をすする音も、ぼくのゴソゴソと起きだす音も、頭の悪い昆虫の類が、裸電球にコンコンと突き当る音も、夜になると起きて来だしては電燈のある方の壁を這いずり回って、羽虫なぞをつかまえている守宮《やもり》の時たまクルルッ、クルルッと小さな喉を鳴らす音も……音という音はすべて、ぼくを眠りからたたき起したあのすさまじい音によってかき消されていた。

ぼくはそのすさまじい音に鼓膜をたたかれながら、まず、いったいこの音は何時頃から鳴り出したものかと記憶をたどってみた。それには、自分が眠っている時の記憶までたどらねばならないという困難に直面せねばならなかったが、意外と、ぼくには昔から、このような困難を解決出来る、特殊な能力というべきものを備えているのだという数々のりっぱな業績があった。たとえば、寝ていて、腰のあたりにじめじめと冷え切ったものを感じて飛び起き、しばらく床の上に坐して失態を恥じた後に、この不祥事はいったい何時頃、その端を発したものであろうか、と過ぎ去った時をたどって見るといった。

それによると、あの下腹部に耐え難さを感じながら、ほとんど無意識的な決断とともに、その欲求のおもむくところを敢て見逃してやった、《あの時》がまざまざと脳裏によみがえって来るという訳であって、またこの特殊能力は、そのようなもの以外のもっと美しい記憶を甦らせるためにもいつも活用されたものである。結果として、眠っていた時の記憶を甦らせることによって、これまで、ぼくの人生に何らかの有効な利益をもたらしたかというと、それは残念ながら、たとえば、不祥事の《あの時》を回顧しながら敷蒲団に液体のしみわたる《時》をみすみす、見逃すといった風な、現実面においては案外不本意な方向に走ることが多かったが、心情的には自分から隠された《時》をとりもどすことによって、何となく安心させられることが多かったのである。

ぼくのそのような特殊能力が捜し出したところによると、例のすさまじい音なるものは、ほとんどぼくが長椅子の上で飛び起きる直前、それも突然鳴り出したという確信めいたものを得た。

まだ眠っていたぼくの耳が、徐々に現実の中で、そのすさまじい音の性格を分析し始めた時、やがて、《音》は、まがりなりにも《音律》へと変身を始めた。

……《歌》であった。

それは、茶屋の裏（裏といっても表とつつぬけになっているのだが）の方からグワン、グワン、と流れて来た。

……歌の主は男であった。

それは文字どおりガナッていた。耳が痛くなるほどガナッていた。……歌の詞はない。ア——、エ——、イ——、という三つの母音を基調として、男の声は、獣の叫びのように小刻みな震えを持って、たとえば、ジェットコースターの速度で、頂点にあるものが急に底に走るかと思えば、また奈落の底から突然走り上がるように狂気じみた震えと息づかいでもって頂点に向いつつあった。時々ボリュームをいっぱいに上げたラッパ型のスピーカーは男の狂気に耐えきれぬかのように、ビーンとヒステリックな空音《そらね》を立てたり、破《わ》れ鐘のように音を無秩序に散らしまくった。

上がったり下がったりするだけの男の叫びの後を、得体の知れぬ打楽器と、人間の声をそのまま模倣したような音色の吹奏楽器がつかれたように、執拗に追っかける。

ぼくは、この魔人の叫びとも歌ともつかぬ旋律の糸にたぐり寄せられ夢うつつ茶屋の表から裏へと、ノロノロ歩んでいった。

……まだ、かろうじて店の明りのとどく赤茶けた色の砂の上に、もつれかかった黒いコードと、つまりその先っちょに、青いペンキのはげた大きなラッパ型のスピーカーが外に向って投げだすように置いてあった。そして《音》はすでにその旋律を聞き取れぬほどぼくの近くにあった。誰もそこにはいなかった。いや……裏口のそばで薄汚れた布を頭からすっぽりかぶって眠っている店の小僧、下手をするとただのズダ袋と見違えかねない一人の人間がいるだけであった。

音は聴覚のみでなく、ぼくのまどろんだ視神経をも麻痺させるのではないかと思えるほど、すさまじく激しかった。

この狂気に満ちた叫びは誰に向って放たれているのか？

ぼくは眼瞼をこすりながら、音の行方を目で追った。

いったい……ラッパ型スピーカーの射程内には、人一人いるわけではなかった。

黒い天の下に青白いそれと同じくらいの砂のかたまり……あるいは砂原。

スピーカーのガナリ立てている方には、これ以上簡素にしようのない構造を持った自然が、ただ、まどろんでいた。

その時、おそらく、この多大なる電気の消費と、稀代な男の声帯のいかなる助け合いの結果においても、歌は、無意味としか言いようがなかった。

男の叫びは……空《くう》をさすらう余興を持つ間もなく……乾いた砂丘と黒い天とに吸い込まれて行く。

ぼくはすでに砂漠での長い安逸な夢から覚めていた。《音》の行方をじっと見すえながら、ぼくは、何か、度し難い気分に襲われつつあった。

ヒンドウ

荒涼とした地上に、人間単位の型を与えようとして、無残に敗れたまま、長い間放置され、ほとんど人の意志の跡を残さぬまで、いま再び地上に呑み込まれようとする、土のかたまりの上を、幾度となく踏んだ。

あるいは、人間の意志をまったく拒絶する、恐ろしい地上へ不意に投げ出され、逃亡を企て……人の波に幾度もまぎれ込んだ。

だが、いくら人の波にまぎれ込んでも、その人の波は、インドの自然の荒涼と同じくらいの強さで、人間の体臭をまき散らしており……旅する者は再びそこから逃亡を企てねばならない。

インドには、人間がその身体をほど良く据え置くことのできるような中庸の場がない。

インド亜大陸の西にある、砂漠地方の旅を終えた頃、極端から極端に飛び移るような行動の仕方が続いたおかげで、ぼくの心と体は荒れ果てていた。

旅は……悲惨だと思った。そして辛辣だと思った。そして神聖だと思う。そしてそれは驚くほど愚劣でもある。

そしてそれらは、それぞれ大方、滑稽なもので満ちており、……とのつまり、それは不思議な……たとえば、まったく整理されていない荒れた土の上に、ゴムまりを転がしたら、数知れぬ不可解な出っ張りに頭を打ちつけて、のたうちまわるという……そんなものだろう。ゴムまりの動き方が、滑稽な感じを人に与えるというのは、それはそのゴムまりが良くはずむからで、加えて、あの荒れた土の上に投げ出されたからに他ならない。

砂漠での旅を終えて、再びプシュカールの村に帰り着いた時、ぼくは自分のなかで、一つの旅というものの形式を終えたような気がしていた。そして、ぼくの精神は以前よりももっと冷静に外界というものを享受し、そして観察し始めているように思われた。

その頃プシュカールは、毎日四十度を越える暑さで、プシュカール湖の干上がるのは、人の肉眼によっても計ることができた。そして、干上がりかけた湖の底から、二千年もの昔の、人間の営みの瓦礫が、ここかしこに死骨のように突き出ており、水浴びする裸の子らは、死骨の意味を知らぬまま、その上を飛んだりはねたりした。

この村は、ぼくの長い旅に荒れ果てた肉体と心に、いたわりを与えてくれた最初で最後の土地だった。

ぼくはここで、自分の目の前にある風景というもの、つまり世界というものを、理解するなにがしかの手掛りを得た……いや見てしまったという方が、それはおそらく当っている。

五月の終りで、ちょうど月は満ちようとしていた。

プシュカール湖畔にしつらえられた二百年も前の宮殿跡が、今は、ほとんど客の来ない安ホテルに改造されているのだが、ぼくにあてがわれた部屋は、不必要にだだっ広い部屋で、入口の反対側についている小さな裏木戸を開けると、部厚い自然石を敷きつめた高台に出ることができた。つまりぼくにとって、これはなじみのある部屋だが、二度目にプシュカールに着いた頃、ぼくは長い旅の末、もう大陸のどこかに置き忘れてしまったような、精神というものの形骸だけを、かろうじて携えており……そしてその夜、精神の脱け殻を支えることさえ、おっくうになってしまった肉体を、理由もなく、高台に出る木戸まで運んだが。

もし戸口の外で、外界のすべてのものが、ぼくに向って四方八方から、その鋭くはずんだ弓を振りしぼって、今か今かと待ちうけているのを知っていたなら、何を好んで死に急ぐだろう。しかし、無知なぼくは、その木戸を無造作に開いてしまった。

戸を開くと同時に、突然、ぼくの肉体はハリネズミのように、すべてのものからズタズタに射抜かれてしまっていたのである。

ぼくは、ああ、と微弱な声を漏らしながら、危うく、ヘナヘナとその場にくずれ落ちるところだった。

恐るべき風景が、ぼくの前に在った。

……しかし、それは平凡な風景だとも言えた。

強いて言えば、それは人の凡庸な好みを、たやすく引き受けてくれるような、たとえば、銭湯の壁面を飾っているペンキ絵のような風景だった。だが、それは、その時、ぼくにとってあまりにも恐ろしい風景だった。

ぼくは自分の目の前にある、この風景を、まったく、その、あるがままに見ていた。そして風景は、ぼくの見る力をはるかに超えた力で、恐ろしいほど、ぼくのことを見すえていた。

しばらく……出来事の完全さを疑う余地も与えることなく、《風景》という、鋭く尖った虚の矢は、ぼくの肉体を完全に貫き通して、動ずることがなかった。

ぼくの……
頭上には月があった
眼下には、プシュカール湖がその水の面に刻み込むように、月の光をちりばめた
確実に天の黒の中に位置した、無数の星
湖を囲んで建つ青白い家並み
樹々
葉の一枚一枚すら、ぼくの視覚の限りを超えて、存在の重みを持った
固い石の手摺の一つの面は影となり
他の一つの面は月の光を受けて鋭く対立を示した

遠く、家並みの間に見え隠れする
まろやかな砂丘の部分
砂丘と黒い天の対立
ぼく自身の息づかいはあざやかであった
足の裏に触れる石の心地よい圧力は
地上に直立するぼく自身の姿を的確に伝えた

翼の一メートル以上もある大コウモリが
天の黒にまぎれて飛んだ
貪欲な翼は、時折満月をさえぎって
ぼくの皮膚にその影を落した
キュワッ、キュワッ、と
骨をこすり合せるような
重く、原始的な翼の音
ときたま、その眠りの中で
軒下あたりから闇へ真っ逆さまに落ちるハトの
取り乱した羽ばたきの音は

この巨大な夜に非力であり
それは、大コウモリの翼の音とは
世界を異にした

十キロ四方の
あらゆる樹々にとまる数百羽の孔雀が
突然、その猫の断末魔のような声で呼応し合い
沈黙を消し去る
またやがて来る静寂
ぼく自身の息づかい……
すべてがバラバラであった
すべてが孤立を示していた
遠く湖の対岸の樹々をなす木の葉の一枚一枚すら
樹の幹や枝より孤立して
一個の性格を持った
世界のすべてが
その思い思いの

かたちと音と独自の運動によって
風景をかたちづくっていた
そして
そよふく風に落ちる木の葉の音が
ぼくのやさしい肉体を
こともなげに通り過ぎた
真夏の夜
《愛》はこのように
辛辣にぼくの肉体を通過したのであった

砂漠でのあの不可解な肉体的感情は、以後ずっとぼくのもとにやって来なかった。しかし、ぼくの荒れた肉体と心は、その事件以来驚くほどの速度で回復を示した。

思うに、あれが、ぼくとインドの風景というものの最初の触合いであり、それからというもの、ぼくの旅の形式は多少異ってきた。出会う人々、街、荒地の間を、ぼくは、環境に即した柔軟なヒレを持った魚のように、泳ぎまわることができた。人間一個のたかの知れた力で肩肘を張って歩くより、すべての矛盾に順応することのできる、哀れな体こそがこの土地では要求されるのだろう。

ぼくはあの二度目のプシュカールにおいて、荒れた土に突き出た不可解な出っ張り……それも地の内部から地殻をつき破って突き出したような巨大な出っ張りというものに、突き当ったという気がしている。

思うに……かつてカルカッタで出会った不可解な出っ張りは、それは多分に人間単位の出っ張りだったが、ぼくはプシュカールでの一件によって、あの不可解な人間の営みというものを、驚くほどすみやかに消化してしまう胃壁を持ちえたように思う。

混乱の街カルカッタのフグリー河にかかる巨大な鉄橋、そして、その橋の下もまた、行き場と食うに困った人々の悪臭渦巻く……だが彼らにとって、雨露だけはしのげる最適の場だった。

冬の一月、夜の白みかけた頃、ぼくはここで死産を見た。

それは見てはならぬものであった。頭からすっぽり薄く汚れた布をかぶって、朝の寒さをしのぐ人々の静かな眠りは、その数、百体を越え、薄暗い巨大な橋の下の空洞は恐ろしかった。

空洞に……

男の声のような嗚咽が響いたのである

あるいは数秒の間

まったくそれは絶えた

ぼくの前に……

年のいった女が苦しんでいた
無作法にも、ぼくは……
股を広げた女の真正面に突っ立っていた
一つの生命の誕生を
まごうことなく直視する位置に
ぼくは突っ立っていた
それは、およそ人の立つ場所ではなかった
粗末な腰布だけをまとった
黒い五十がらみの夫は
妻の嗚咽とともにうろたえた
筋肉のない男の右の手には……
錆びて刃のかけ落ちた鈍器が
にぎられていた
夫はそれ以外の策を
何ら妻と子のために持ち得なかった
鈍器が……
たった一度だけ振り下ろされたのである

それは
女親と赤子のヘソの緒を断つとともに
ガギッと鈍い音をたてて
荒れたコンクリートをたたいた
体の方々シワの寄った
妙に小さな白い子供であった
小さな口から
白い泡のようなものを吹いていた
……泣かなかった
湯気が申しわけ程度に
紅のさした白っ茶けた皮膚から
弱々しく立ち昇った時……
それが何を意味するものか
ぼくは予感した
夫と妻の空しいからさわぎは
何も生みはしなかった

朝のざわめきが橋の下にまで忍び寄る頃、女はこんこんと眠り続けた。

父は、もうすでにたくさんの人々があれこれしている雑踏をぬって《河》に向った。

父の両手には、真新しい白い布に巻かれた赤子の死体があった。白いものは、汚れた父の全体像から際立って見えた。しかしそれは、ほとんど何か他の小さな荷物と見分けがつかなかった。

ぼくにはその意味がわからなかったが、彼は大声をあげて、何かをしゃべり続けたのだ。しゃべりながら泣いたのだ。時々彼は自分の知人を見つけると、知人の前に突っ立って、二、三分も大声でしゃべり続けながら、そして泣いた。

知人は相槌をうった。

そして、河の縁に着いた時、彼の泣き声とおしゃべりはその限りを尽した。

二人の、彼と同じような身なりをした知人が、彼の後ろに立ち会った。赤子が父の手で河に抛り投げられる時、この二人の知人も何か叫んだ。

白い布はしばらく岸の近くでためらっていたが、やがて見え隠れしながら下流に向って行った。

この時、不可解なことが起った。父は我が子の行方を追うでもなく、ひとたび河に赤子を預けると、まったく奇妙なことに、人間がガラッと変ってしまったのだ。

あれほど泣き叫んでいた彼は、もう、二人の友人と雑談しながら、恐るべきことに、時には笑顔さえ見せたのであった。

ぼくにはまったくわからなかった。

わからぬまま、彼ら三人がペチャクチャ言いながら河岸から去って行く後ろ姿を見ていた。ぼくは彼の不可解な行動を、砂漠から出る時、いみじくも理解したように思う。

その時、彼の情操は、《泣く》という形式の鋳型に流し込まれた柔らかい鉄のように従順であり、人としての彼は、泣くという形式にあてはまっただけであって、彼自身の苦痛の表現は、その主体とかけ離れてしまっているのではないだろうかと思った。

それはこの荒涼とした地上で、人間という非力な肉体が、自然の道徳を受け継がねば生きてゆけぬことを示す、いかにも非人間的な道徳なのだろう。

たとえば、五千年も同じ土地を耕し続けている農家の主婦、彼女たちはよく大口を開けてケタケタ笑う。そして怒る。あらゆるケースを省みるに、それは不思議と感情の程度に並行していない場合が多い。彼らの中には、喜怒哀楽という人間の生活に最も縁の深い情操が、まるで自然物の単位でもあるかのように居坐っている。

折にふれて人間同士の関係から生じる感情というものは、彼らの中にあらかじめ自然物のように固着している喜怒哀楽という情操の引き金を引く発端でしかない。つまり、形式……彼らは喜怒哀楽の形式というものの中に自らはまり込んで、それを表現とする。感情の表現は、だから文明国の人のそれのように個的ではない。様式なのである。

彼らは様式が持っているだけの大きさの自己表現をする。しかしそれ以外のもの、個人的情緒……それは弱いのである。それはつまり荒れ地の上にあって、生きて行かないのである。

彼らの肉体は、風景という形式の中に組み込まれた小さな立木のように、風が吹けば、その風の吹くように、ふところを開けて通してやるのであって、ことさら風をさえぎるわけではない。風の吹く間、彼らの小さな木の葉は風の程度に応じて揺れるだろう。しかし、彼らを通り過ぎてしまった風は、風景の中の一つの弧として、再び風景にかえりざき、そしてその時、かの木の葉は、その揺れるのを止めるだろう。

二回目のインドの旅で、ぼくはこのようなインドの土地と人々の内部を見たような気がした。

今考えれば、一九六八年、はじめてインドを訪れた時も、風景の中の一本の立木のような仕方で生活を営む、きわめてインド人の生活を代表するようなインド人に、何回かは出会っていた。

インド亜大陸の北東に位置する、ヒマチュル・プラテージ州の一角で、ぼくは一人のサドウ(聖者)と、山を下っていた。山の三分の二を降りたところで、急に下界の見える崖っ縁に出たのだが、十月とはいえ、このように高い所は肌を刺すような風が吹きつける。ぼく自身は風を避けてそのまま歩き続けようとしたが、サドウはその崖っ縁でしばらく止ってしまった。そして長い間、風を真向うから受けて立っていた。

それまでにも、彼は時々、ぼくからスッと離れて行くことがあったが、その時、再びいっしょに歩み始めると、彼はぼくに向ってこのようなことを言った。

〝シーンヤ（ぼくの名前）、私は今し方の風になったよ〟

ぼくは何ら隠しだてしていない彼の性器が寒い風にちぢこまったのを見て、おかしさをこらえるばかりだったので、いきおい彼の言葉を聞き流してしまった。ただ、彼の唇が紫色になって震えているのに、彼の表情ときたら、まったく生き生きしていたので、不思議に思った。二年も前、ぼくはこのようなサドゥの言葉に出会った。

出会いというものは、いつも我々の知らぬ間に進行しており、無知やちょっとした不注意によっても、永遠に忘れ去られるものだが、こうして二年も前から、ぼくの肉体に突き刺さったままでいた鋭く尖った言葉の矢が、こんなに時期を遅れて、肉体のどこかで痛みを伝え始めたのは、その言葉の持つ恐るべき生命力によるものか、あるいは、ぼく自身の神経の鈍さによるものかは知らないが、ぼくは、あの言葉の示すものにどことなく興味を持って、再び、インドの地を歩んだのであった。別にぼくは、この言葉のみを携えて再びインドの旅に向ったわけではないが、むしろ旅の中でこそ、その言葉が蘇ったと言った方がよいかもしれない。

ぼくは《旅》を続けた……多分に、愚かな旅であった。時に、それは滑稽な歩みですらあった。歩むごとに、ぼく自身とぼく自身の習って来た世界の虚偽が見えた。

しかし、ぼくは他の良いものも見た。巨大なガジュマルの樹に巣食う数々の生活を見た。その背後に湧き上がる巨大な雨雲を見た。人間どもに挑みかかる烈しい象を見た。《象》を征服した気高い少年を見た。象と少年を包み込む高い《森》を見た。世界は、良かった。大地と風は、荒々しかった……花と蝶は美しかった。

ぼくは歩んだ。出会う人々は、悲しいまでに愚劣であった。出会う人々は悲惨であった。出会う人々は滑稽であった。出会う人々は軽快であった。出会う人々は、はなやかであった。出会う人々は、高貴であった。出会う人々は荒々しかった。世界は良かった。そして美しかった。《旅》は無言のバイブルであった。《自然》は道徳であった。《沈黙》はぼくをとらえた。そして沈黙より出た《言葉》はぼくをとらえた。

悪くも良くも、すべては良かった。ぼくはすべてを観察した。《実《じつ》》を《写《うつ》》した……我が身にそれを《写実》してみた。

地平を見て暮す動物は、自分の三半規管の故障を即座に見抜くだろう。ぼくは、地平という無言のバイブルを直視しながら、なぜ自分が垂直に立っていなかったかをすぐに理解した。

そしてヒンドゥ教を他の面から解釈する時がやってきた。ぼくはこの宗教(生活)に聖書という副次的な認識のなかったことを理解できた。ぼくはこの重い宗教が他の宗教のように世界に飛び火しなかったわけがわかった。それは、言葉や書物によっては持ち運びのできないものだった。

ヒマラヤ山脈を持ち運んだり、ガンジスの河の流れを変えて日本に流れ込むようにはできないと同じように、ヒンドウ教も持ち運ぶことはできない。それは文字どおり重い宗教だと言えた。

恐れずに言うと、地平線を見ること、これはヒンドウ教だ。傍にころがっている石や岩などを持ち上げてみること、これもヒンドウ教だ。月の軌跡を、その消え入るまで目で追って見ること、これもヒンドウ教だ。河に入って体を水にひたす、これもヒンドウ教だ。沼に降りて行って体に泥を塗りまくること、これもヒンドウ教だ。コブラの頭に接吻をすること、これもヒンドウ教だ。ヨギのように、逆立ちを自分がいつも足を下に向けて地の上に立っているのと同じくらいやってみる、これもヒンドウ教だ。河が流れるようにいつも動いてること、つまり旅、これもヒンドウ教だ。まったく動かないこと、たとえば樹木の下の仏陀のように、これもヒンドウ教だ。歌うこと、花のにおいを嗅ぐこと、描いてみること、持ってみること、触れてみること、食べてみること、着てみること、裸になってみること、見てみること、見ないこと、在ること……行為、それらはすべてヒンドウ教だ。

つまり、我々の中に失われつつあるもの、そのどれをとってみてもヒンドウ教だ。

そしてそれらは、あまりに事実に近いのでヒンドウ教という言葉を必要としない。だからインドで、ぼくはヒンドウ教という言葉を生きている人の口から聞いたことがなかった。ヒンドウ教という言葉がインド人の口から吐かれない限り、ヒンドウ教はインド人の中で生きているのだろう。

ヒンドゥ教に聖典がないのはまったく愉快なことで、たとえば、シバ・クリシュナなにがしの逸話はぼくたちにとってヒンドゥ教ではない。少なくともそれは、二十世紀の世紀末に生きるべきヒンドゥ教ではない。二十世紀のヒンドゥ教は、まったくアナーキーである。アンモン貝の化石の重さそのものの事実と変らぬほどアナーキーである。だから、今世紀の末、ヒンドゥ教という言葉は死んでいる。そしてこの重い宗教は我々の中で、最大に生きつつあるように思う。

それは、荒地の上に育った道徳であり、自然が及ぼす、道徳に対する写実であり、事実に対する許容である。彼らのやり方は、整理された人間の言葉の端を信ずるより、いつも矛盾を吐き出している物体の重みをそのまま受け継いでいるので、いつも混沌としてはいるが、いたって正気である。

そしてぼくは歩んだ……《旅》の中で在るものは、ひたすらに、ぼく自身と、たとえばぼくの目の前にある樹などとの関係だった。

もし歩き疲れたなら、たとえば菩提樹のような大樹の根に腰をかければよかった。楽な姿で、歩き疲れた体を横たえるとよかった。頭上には……

空、木の葉、木の葉と木の葉の空間、風、木々を飛び移る小鳥……その羽ばたき、さえずり、そして折よくも、一陣の風が、千万の木の葉をさざ波のように震わす。その時、風と大樹は初めて交りを持った。ひとたび、風が樹の立方を通り過ぎた直後、個々の力は再び離別する。多様な方向に葉針を向けた、多くの数量の木の葉の総体は、空《くう》に一つの立方を占め、立方に風が吹き込む時、風は木の葉のさえずりの仕方によって形態を与えられた。

下より上へ、上より下へ、右より左へ、左より右へ。つぎに、鈍く遅いもの、速く鋭いもの。二つの風の絡み合ったもの。堅いもの、柔かいもの。丸いもの、角のあるもの。みだらな形。樹の立方の中で砕け、そして消え失せるもの。……ぼくはそっと耳をかたむけた。

この日本からやってきたブタは風に対して、樹木と同じような理解を持つように一所懸命に耳をかたむけていた。

《まったく使いものにならない、太ってブヨブヨになって、自分のクソでビチャビチャ汚れて、たとえぶっ殺されたって気づかない鈍感なブタ》

良いものを信仰しだした少し頭デッカチのブタ、つまり、フランスから来たあるヒッピーは、ラジャスタン地方の一地方神であるバグアンという神を祭る神殿に入ろうとして、神主から断られた。ヒッピーは怒った。

〝ぼくは神を見たいだけなのだ、神はそんなに一部の人々のためにだけあるものか〟

すると神主は、真赤な顔をしてこう言ったのだ。

〝この神殿にある神の姿は、この周りの住民の生活のためだけにあるのだ。もし君が本当に神を見たけりゃ、どこにだって神はいるさ、樹にもいるし、岩にもいる、河にも、山にも、道の端にころがっている小石にもいる。君の目の中にもいるし、君が目によって見る全部のものの

中にいる〃
そのブタは幸運なことに、血のめぐりが良かったので、自分の目によって見える全部のものの中に、ブィブィ言いながら入って行ったのを、ぼくは目撃した。

鴨〈かも〉

ガンジス河口から、海岸沿いに、五百キロほど下ると、東西三十キロ、南北六十キロ余りの、小さなくぼみが、地図の上で認められる。湾というべきか、湖というべきか、形態的には、その両方にかかわるのだが、地図の上では、チルカ・レイク（CHILKA LAKE）となっている。《湖》としておいてよいだろう。インドにおいても、このチルカ・レイクという湖はけっして有名な地ではない。普通インド人から、インドにおいても、このチルカ・レイクだと言うと、およそ知っているものはまずいない。地図の上で指し示して納得させるまで、茶の一杯など入っても、おかしくはないのである。中には、インドの地図というものを初めて見たというインド人がいて、ぼくの説明を混乱におとしいれたし、もう少しひどいのになると、もちろん彼は地図なるものを初めて見たのだが、まったく地図というものの概念がつかめないのだ。

〝オイ、若イ者ヨ、一体コノ広大ナル大地ガ、イカデ、ソノヨウナ紙切レノ一片ニ乗ッカル事ガ出来ヨウゾ〟

彼のこの言葉を理解するために、ぼくは彼のその洋々たる生いたちについてまで、調べ上げねばならなかった。

ともかく、地図の読める者に、チルカ・レイクの所在を納得させたとしても、それで彼がぼくの前から立ち去ってくれるわけではない。〝何故〟という言葉に、ぼくはもうほとんどアレルギーをもよおすのだが……〝そこへ君は行くのか〟と必ず問うて来る。人が口笛を吹いていても〝何故〟と問うくらい、インド人は理由を正すことの好きな人種だ。この際、〝何故〟と聞いて来ない方が不思議なくらいだ。ぼくの側には、それに対する回答はまったく用意されていなかった。第一ぼくは、そのチルカ・レイクなるものの情報を、何一つとして持っていないのである。では、何故そこへ行くかというと、旅をしていて、地図上の形態で変てこりんな所があると、無性にそこへ行きたくなるという、ぼくには奇妙な癖があるのだ。チルカ・レイク行きの構想は、全面的にその癖に委ねられていると言ってよかった。

一月の終りに、南のマドラスからハウラ・ジャンタ（ジャンタとは○○行きという意味）というカルカッタ行きの汽車に乗って、チルカ・レイクに向ったのだが、この場合、チルカ・レイクに行ってその水をなめるには、どの駅で降りると一等都合がよいかが、当然問題になる。ぼくのバーソロミュー地図で調べると、カリコタ（Kallikota）というところが一番近いが、それでも湖まで十キロメートルはある。マドラスの駅で、さらに詳しい地図を調べてみる。あった。チルカ・レイクへのちょうど中ほどに、バルゴン（Balgaon）という小さな駅がある。これが小さな駅だという判断は、ぼくの地図に載っていないという理由によるものであって、それ以上の確かな手がかりはない。マドラス駅の案内人に聞いたところで、誰もがやるように、〝それはマイソール州にある、非常に景色のよいところである〟と言うに違いないのだ。つまり、インドにはバルゴンと発音する地が二つあるわけで、誰もが知っているバルゴンは、ぼくの今からめざす、けっして誰も知らないバルゴンとは、まるで反対の方向にある観光地なのである。

一月二十七日、朝八時半の三等列車に乗る。前の座席に坐っている商人風の男が、例によって〝どこへ行くのか〟と聞いてくる。カルカッタであると言えば事はスムーズに運ぶのだが、ついバルゴンと言ってしまった。彼があわて始めた。〝バルゴンはこの汽車ではない。夜の汽車でバンガロールに向い、それからグンタカル駅で乗り換えて行くか、さもなくば、マドラスのホテル・エベレストの前からバスをつかまえ……〟彼はいたずらにぼくの前で騒ぎたてた。ぼくがあまり落ち着いているので、発車近くになって、彼はとうとうぼくを引きずり降ろす工作を始めた。

これにはぼくもさすがにあわてた。ぼくの荷物を持ってホームに降りようとするのだ。デッキの所でリュックから地図を取り出して、ここがバルゴンだと指し示したが、ぼくの地図にバルゴンは記されていない。だから彼はいっそう疑いを深めた。二人が大声を上げているので、何事かと人が集ってきた。その時、ぼくはちょっとした名案を思いついた。切符を示せばよい。バルゴンと書いてある。汽車はハウラ・ジャンタ号と書いてある。人混みにもまれながら、やっとのことで例の紳士の鼻先に切符を突きつける。彼の小鼻のわきが一瞬引きつったのを見た。もとの席へ戻る。発車のカネが鳴った。ぼくは彼に勝利の握手を求める。うっすらと疑いの表情さめやらぬ彼は、敗北をなめながら、複雑な笑みを浮べてぼくの握手にこたえた。うっすらぼくはかつて、これほど静かな湖を見たことはなかった。とりわけ、あの肌寒い朝、陽の差さぬ水の面は微動だにしなかった。遠く朝の糧を求めて舞う、鳥の羽ばたきによってさえ、岸辺に立つぼくの足もとまで、さざ波を運ぶことが可能であると……その時、ぼくは一羽の鳥の翼のとるに足らぬ力量を、このあまりに静かな水面の上に感じ取ることができた。東の水平線上に陽光の輪郭が認められ始める朝の六時を境とする数分の間、湖の白い青は、うっすらと紅を食む。湖の面は処女の肌に似て、外界のあらゆる兆候と変化を直截に伝えた。そして突然、太陽がこれらのやさしさと水平を打ち破って現れる時、湖は明らかに動揺を示す。巨大なリンガム(男根)を思わせる太陽は、湖を赤く燃えたたせ……やがて、完全に湖の総てを制覇する。ぼくの成行きまかせの旅も、たまにはこのように、ぼくの思ったような所に連れて行ってくれることはある。湖は……美しく、そして何よりも、旅に疲れたぼくの心身を、やさしく洗ってくれて余りあるものだった。

四日目の朝、外はまだ暗かった。その日、ぼくは湖の夜明けの一部始終を見届けるため、起きるとすぐに外出の用意にとりかかった。一月の朝は少し冷える。外に出るとまだ暗いのだが、空はもう薄明がさしている。湖に向って五百メートルも歩いた頃だったろうか、後ろの方でさきほどからぼくのあとをヒタヒタとつけてくる者があった。後ろをふり向いて目を凝らすと、薄明の中に二人の男らしい影が認められた。一人の背の低い方の男が、棒のようなものを肩にかついでいる。初めての土地なので、ぼくは少し不安を持った。そして二人がさらに近づいて来た時、ぼくの不安は大きなものとなった。一人の持っていた棒のようなものは、ライフル銃なのだ。だが、ぼくたちがばったり顔を合わす所まで近づいた時、あわてたのは逆に彼らの方だった。まったくこんな辺鄙な村に、それもまだ明けやらぬ朝、奇妙な外国人が、突然現れたのだ。彼らが驚くのも無理はなかった。ぼくは彼らが取り乱しているのを見て、笑ってみせた。そして、

〝メラ・ジャパニー〟(ぼく、日本人だよ)

と言った。最初に、鉄砲を持っていない背の高い方の男が反応した。英語の片言を知っているらしく、真中のくっついた真一文字の眉毛を上げ下げしながら、何か遮二無二しゃべった。年はかなりいっているが、どことなくひょうきんな感じのする男であった。

〝こんな朝早く、どこへ行くんだい〟

と聞いてみた。すると背の高い方の男が、背の低い方の、さきほどからむっつりしたままで、ぼくの足の先から頭まで一所懸命点検している男の肩を、ポンポンとたたいて、次に鉄砲を撃つような恰好をして、

〝バーン・ドッグ〟

と言った。ぼくはびっくりした。ドッグと言えば、犬ではないか。〝ドッグ？〟と聞き返すと、男は胸を張って、〝イエス〟と言う。

これは大変なことだぞと思った。なにしろ、このインドでは、鉄砲で犬を殺すなんて考えられないことだ。

〝ホワイ？〟(なぜだい)

男……〝イート〟(食べる)

とにかく、わからないまま彼らと共にやっと湖の縁まで来たのだが、彼らが細長い伝馬船に乗り込んで、何やらゴソゴソ下準備のようなことをやり出すのを見て、再び奇妙な気持になった。

〝ドッグはどこにいるのか？〟

背の高い男は、長い竹棒を舟の中に運びながら、湖の真中の方を指差した。陽の出には、まだ一時間くらいあったが、彼の指差す方を、かろうじて見届けるくらいに湖の表面は白みかけていた。だが、そこにはさざ波一つない静かな水面が、岸辺から何の変哲もなく連なっているだけである。鉄砲の男は舟の舳先に立って、朝もやの立ちこめる湖の方を、じっと見つめたままだ。

ぼくはとにかく、この皆目わからぬ、彼らが言うところのドッグなるものの正体を、見たいように思った。

そして、長い竹を持った船頭と猟師とぼくは、全長四メートルばかりの細長い舟に乗って朝の湖へと出て行った。

十分も沖へ出たころ、ぼくたちはまったく沈黙と単色の風景の中にいた。朝の深い霧にはばまれて、岸はぼんやりと小紫色に、幻のように横たわっていた。そして〝シャボッ、シャボッ〟と船頭の持つ竹の水を切って行く音だけが耳にこびりついていた。アメリカ製の古い単発銃が舟の中ほどに投げ出されていて、黒光りした銃身をこまかい霧状の水のツブが覆っている。……少し冷える。

猟師は舟の舳先のところで四つん這いにしゃがみ込み、まったく動かない。そして、なるべく水面に目の位置を近づけるようにしながら、食い入るように遠くをうかがっている。船頭は無言のまま、舟を進める。

それから約十分くらいたった時であろうか。ぼくたちは東の空に何かの音を聞いた。〝ザワザワ〟と、最初ぼくはその音を聞いて、通り雨のやって来る音かと思った。しかし、それを確かめる間もなく、すでにその音はぼくたちの上空を通過しつつあった。

猟師は舟の舳先で四つん這いになったまま、無理に首をねじまげてその音を見上げた。船頭も、竹の棒を動かす手を一時やめて上空を見やった。猟師が首をねじまげたままぼくの方をチラリと見て、口早に、そして声を潜めて言った。

〝ドッグ！〟

彼のいささか前頭骨より飛び出した両の眼は血走っていた。

ぼくたちは、頭上を走り行くものを見ていた……そして、ジッと聞いていた。

鴨であった。

キュワッ　キュワッ　キュワッ　シュワッ　シュワッ　シュワッ
と、沈黙を断ち切って現れた、数百羽の鴨の群……それぞれの持つ柔らかい翼が風を切って行く音は、おそらく千を越える重なりを持って、虚空に、ある、きらびやかな音の広がりを与えた。

ぼくたちは無言のうちにそれを聞いていた。そして……見ていた。

五十メートルくらいの上空であろうか。深い霧は、ぼくの視覚から距離の感覚を奪っていた。それは、何か自分の瞳孔の表皮の上を走るもののようにも思えた。そして、遠い彼方、ぼくたちの世界と金輪際、関係を断った世界の出来事のようにも思えた。

いずれにせよ、それは、不意に……美しかった。

白く、まどろんだ中空を突っきって行く群なすものをぼくたちは、ただじっと見ていた。

湖は静かであった。

鴨の群の過ぎ去ったのちも、しばしの間、ぼくたちはそのまま、沈黙を守った。

船頭はまだ竹の棒を水中に突っ込もうとしなかったが、舟は先刻の慣性を得たまま、ゆるやかに、湖の面を滑走していた。舟のつくり出すまろやかな波が、舷《ふなべり》より静かな湖の表面を小

さく幾重にも這って行くのが見えた。

猟師が、〝サア〟とうながすように、船頭に目くばせをする。やがて、また〝シャボッ　シャボッ〟と竹の水を切る音とともに、舟はその滑走を速めて行く。

ぼくは鴨の群の飛ぶさまを現実に見たのは、それがはじめてであった。だがなぜか、それは非現実的な出来事のようにも思えた。そして〝いったい、あの幻のように見えるものが人の手にかかるのだろうか〟と小さな疑いを持った。


舟は東南に向けて、それから、約十五、六分湖の上を滑った。どうやら、めざす場所に着いたらしい。猟師と船頭は何か打合せするように、さかんにしゃべりだした。そしてまた、五分ほど、今度は北寄りに向きを変えて走りだす。ちょうどその頃、猟師の表情に緊張の色がさすのを見た。四つん這いになったまま、遠くの湖面を指差しながら、船頭と小声で何かをしゃべっている。

〝いるのか！〟と船頭に問うてみる。

船頭はかがむようにして、ぼくの視線の高さまで自分の目の位置を持って来て、はるか沖合の方を指差した。その辺に群が浮んでいるらしいのだが、ぼくにはさっぱり見えない。〝見えないぞ〟という素振りをすると、船頭は、なるべく頭を水面に近づけて見ろというようなゼスチュアをする。ぼくは舷から乗り出すような恰好で、なるべく視線を低くして沖合の方を見た。

しかし、やっぱり同じことであった。ボヤッと霧に霞んだ、水の稜線があるばかりだ。

懸命に、今にも水面に顔がつかんばかりに、舷から乗り出していると、船頭がぼくの肩をたたいた。目をむいて、大きなゼスチュアで言う。

……舟がひっくり返るから、あまり乗り出すな……

そうしているうちに、猟師がちょっと〝マズイ!〟というような表情をして、船頭にしゃがめ、と合図をする。船頭は舟の後ろにしゃがみ込んで、今まで持っていた竹の棒を小さな木の櫂と交換する。猟師と船頭は互いにおし殺したような声で言葉を交しながら舟を進めて行く。

相当長い時間、舟はあれこれ方向を変えながら湖の上を滑った。

そうするうちに、突然、出発してから、今の今まで舳先で四つん這いになっていた猟師が、その恰好をやめて、中腰に立ち上がった。そして急に緊張をといたように、わりと大きな声で船頭と何か話し出す。……船頭が舟を漕ぐ手をゆるめる。……インディアン・ビディという安いタバコに火がつけられる。

〝いったいどうしたのか〟とぼくが問う。

〝ドッグ・ゴーイング〟

ぼくは、その船頭の言葉の意味をしばらく考えた。船頭の手まねと合せて考えて見るに、それはどうやら、〝鴨の群が逃げている〟と言うことらしい。

ぼくは、驚いた。

ぼくの知らぬ間に、鴨の群と、この舟とで追っかけっこをしていたらしい。猟師たちも鴨の群が見えていたし、鴨の方でも、この舟を見ていたということだ。今、この湖の上に間抜けで少々鈍感な生き物がいるとしたら、それは、ぼくをおいて他にあるまい。猟師はぼくに向って〝今日はダメだ〟というような合図をしてみせる。

いったい、先ほどから、不可解に思えていることが一つだけぼくの頭にあった。

それは、この、セクハルーンという名の三十五歳になる猟師の持ちものについてだが……最初、彼は銃だけかついで弾丸らしきものを何一つ持っていなかったので、奇妙に思って尋ねたのだ。すると彼は銃身の中ほどを指差して、ここに入っていると言う。

〝オンリー・エーク?〟(たった一つか)

〝バス〟(これでOKだ)

つまり、彼の持っているものは、アメリカ製の旧式の単発銃と一発の散弾、それに湿っぽくてなかなか火のつかないマッチと、五本で一円にもならない安ものの小さな葉巻タバコをひと束。たったそれだけなのだ。

つまり、それは船頭の説明するところによるとこう言うわけなのであった。

猟にいちばん良い時間は一日に一回であり、一羽獲ればそれで終り。一羽の値段が頭の赤い上等の方で五ルピー(二百円)、頭の青い下等の方で三ルピー(百二十円)、一発の散弾の値段が一ルピー半(六十円)なので、一羽捕えるのに二発も弾を使えば、頭の赤い方が獲れても二ルピ一(八十円)にしかならないのだし、頭の青いヤツだと弾代と鴨の売値が同じになってしまい、何のために働いているのかわからない……。

つまり、これはノッピキならない生活なのだ。ぼくは、自分があまりに楽な気分でこの舟の上に乗っかっているのを恥じた。まったく、鳥の群と猟師たちの追っかけっこからとり残されるのも当然な話だ。舟の舳先でベッタリと四つん這いになっているセクハルーンの姿を見て滑稽に思ってはいけないんだぞ……と自分に言い聞かせた。

陽の出には、まだ少々時間があったが、あたりはずいぶん明るくなって、霧も晴れて来た。猟をするには、だんだん都合が悪くなる。セクハルーンはいったん諦めかけていたが、舟を岸に向けて漕ぎだす前に、今一度、沖合の方をぐるりと探索している。

しばらく伏せたまま動かなかったが、また先ほどより、やや西寄りの沖合に鴨の群を見つけたようだ。じっと沖合を見つめたまま、何やらボソリと船頭に言う、船頭は無言のまま、再び次なる群に向けて舟を走らせた。もう一度やるらしい。

霧が晴れて来たせいか、今度の群は、ぼくのたよりない肉眼によっても、かろうじて、その、ものの影を認めることが出来た。

沖合三百〜四百メートルくらいの水際のところが、横に細い線のようになって、やや黒く霞んでいる。それは、人に教えられて、はじめてわかる程度のものであり、ましてや、それが鳥の群であるということは、相当経験をつまなければわからないだろう。

沖合の群は、少し前ぼくたちの頭上を飛んだ群よりも遠くにあって、いっそうものの形のわかりにくいものだったが、ぼくは、その黒っぽい細い線を見て少し安心した。

先ほど、ぼくの頭上を通過した鴨の群は、ぼくの生活空間とあまりにかけはなれていた。それは鴨の群ではなかった……それは〝鳥〟というものの概念からも、ぼくの心の中で逸脱しているように思われた。ただ飛んでいることが、ぼくの頭上に在《あ》ったに過ぎない。

あれをとっつかまえようなんて、この猟師も大それたことを言うヤツだ……ぼくはその時、四つん這いにベッタリ這いつくばって、その飛んでいるものと際立った対照を見せている、不恰好なセクハルーンのお尻を見つめながら、そう思った。

二番目に我々の前に現れた鴨の群……あるいは、《幻》。なにせ、その《幻》は、ぼくの知らぬ間に、この汚いトンガリ舟と追っかけっこをした間柄なのだ。ぼくはそれを聞いて、はじめて、ぼくらの住む世界に、何やら現れたぞ！　という感じがしたものだ。

そして今、とうとうそれは、ぼくのようなしがない者の目によっても見える世界へと降りて来た。

舟は走った。そして、あの飛べるものへと近づいて行った。

狩人の生活から出た執念がその作戦を生んだのか、あるいは鴨という動物の生命を守るすぐれた本能がそうさせたのか……おそらくそれは、この二種類の動物の歴史的な闘争の結果だと

思うが……とにかく、これらの鳥たちと人間のかけひきというものは涙ぐましいものであった。

二百メートルくらいまで、鴨の群に近づいた舟は、どういう訳か、九十度方向転換をしつつあった。そして、湖の中央に浮ぶ小さな島に向う素振りを、遠く湖上でこちらを注視しているであろう頭のよい鳥たちの前に披露したのである。そのようにして五十メートルも走ったところで、セクハルーンが舟の舳先からベッタリと四つん這いのまま、蟹のように横這いして、舟の中央へとやって来た。そして鉄砲を右の手につかむなり、鴨の群からは見えない反対の側の舷から、ゆっくりと湖の中へと入って行った。

ぼくはいったいこれはどう言うことか、と思った。そして息を殺しながら、しばらく様子を見た。

つまりこれは奇妙な湖であった。南北六十キロメートル、東西二十キロメートルもあるこの湖は、相当沖合に出ても、その深さたるや、この小さな猟師の肩までしかないのだ。

セクハルーンは湖に降りると、すばやく、鉄砲の中ほどを持って、右肩に乗せるようにし、ちょうど、彼の口のあたりの高さから、その黒い銃口を前にニュッと突き出した。そして左手で、銃がふらつかないように、下から支えた。水面から出ている顔は、やや上向きかげんにして、それを前方から見て、すぐ人間の顔であることを気付かれぬようにした。

お見事と言おうか……彼は一挺の銃と水面から飛び出た二つの手首、それに、いささか細工の整っていないあの首から上とによって、《鳥》を作ったのだ。

そして、このけっして空を飛ぶことの出来ない、贋の鳥は、もう一つ驚くことをやった。つまりこの贋鳥は水の上に浮んでいる本物の鳥よりも、いっそう本物らしく、水の上をスイ、スイ、と走ったのである。

そして、それは速かった。

セクハルーン……いや、鳥になった男は、グン、グン、と見るまに舟から遠ざかった。その、ちょっとおっかない嘴を、本物の鳥の群の方に向けて、スイスイと水を切って湖の面を走った。

ぼくは……単純に驚いていた。

そしてセクハルーンの見事さに敬意を表したものの……なぜか、その走り行く《頭》を見送りながら、急におかしいものがこみ上げて来た。

人の営みとは、かくも滑稽なものか、と思った。

人の営みとは、そのように、悲愴なものか……と思った。

ぼくは唖然として、その走り行く〃見事な頭〃……《贋鳥》を見ていた。

そして……いずれにしろ、この我々の正直な代弁者に〃祝福あれ！〃と、ぼくは心の中で、密やかにつぶやいた。

舟は、相変らず、鴨の気持をこんがらかすための疑似走行をおこたらなかった。

そして我々とセクハルーンとの距離は、いよいよ離れて行って……やがて、あの小さな贋鳥

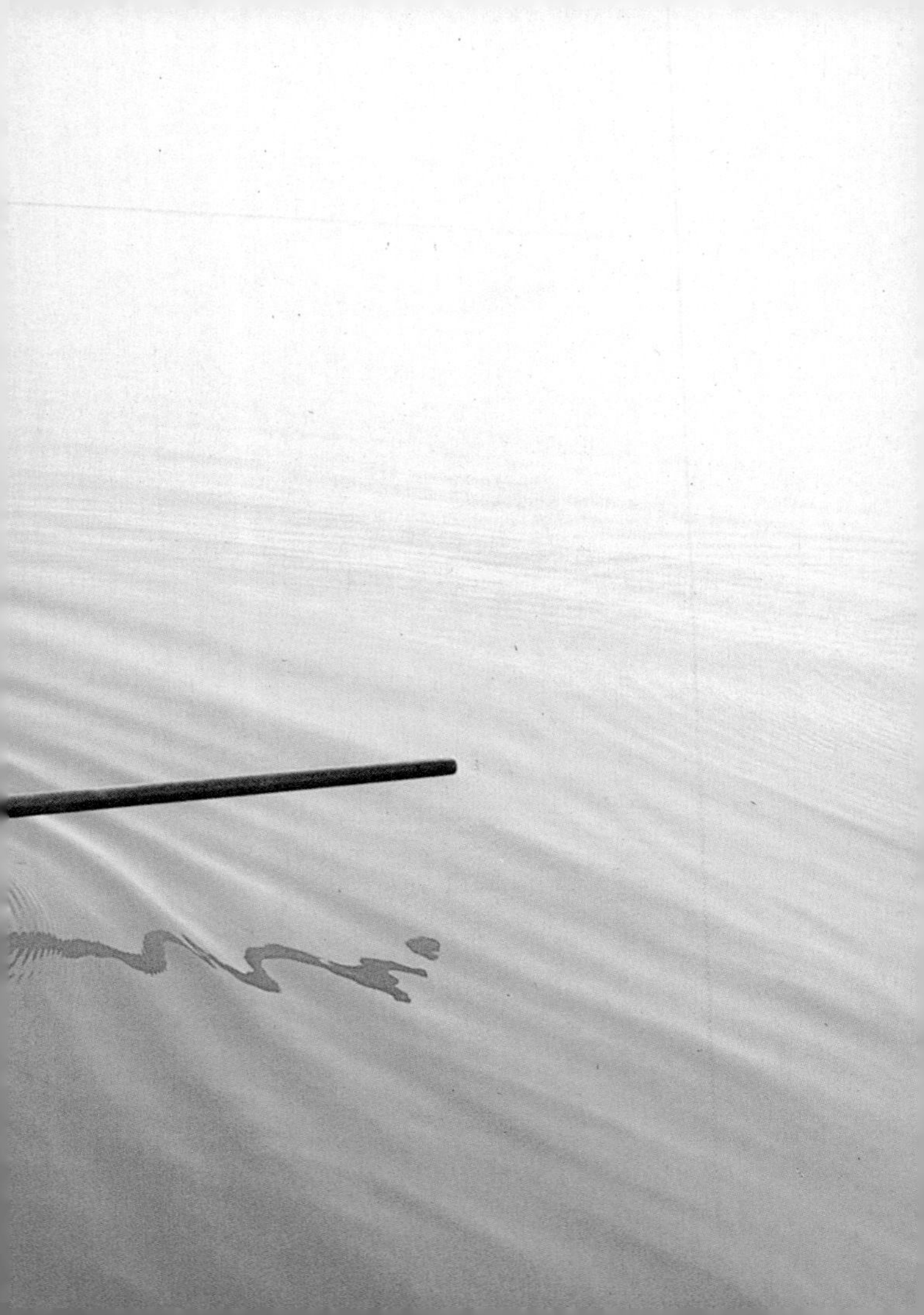

は我々の視野からその愛らしい雄姿を消し去った。

ぼくと船頭とは、何となく中途半端な面持ちで、湖の上をやや躊躇しながら走った。

そして、我々の背後で今、行われつつあることについて、その成功を祈った。

湖は……静かであった。

つまり、それは、船頭が、嘘の走行もこの辺でよいだろうと、櫂を漕ぐ手をゆるめた時だったろうか、あるいはちょっと肌寒さを感じて、ぼくが上着を羽織ろうとした時であったろうか、ぼくはその時、我々が何をやっていたか覚えていない。

突然……〝ズーン！〟と、沈黙を突き破って、セクハルーンの走って行った沖合の彼方から、銃声が静かにまどろんだ湖の面をふるいたたせた。

と……それに符合するかのように、遠く鳥の群が、湖の面より飛び立つのが見える。連鎖反応で右方からも左方からも他の鳥の群が飛び立った。

湖上はしばし騒いだ。

……ぼくは船頭の顔を見た。

船頭はふつうインド人のだれもがやるように、ちょっと頭を左の肩の方にコクリと倒して、笑った。彼は無言のうちに〝ヤッタゾ〟と言った。

ぼくも、ちょっと頬の筋肉のこわばるのを覚えながら、笑った。そして……〝ヤッタネ〟と、目でうなずいた。

それから数分の後、我々は二百メートル沖合に、小さな黒い点を発見した。

……セクハルーンであった。

その小さな点を見ながら、ぼくは何となく悪い予感がした。

彼はひょっとすると失敗したのではないだろうか？

そう思うと……まったく、それは、そのように思えた。あの小さな、ノロリノロリやって来る《点》を見ながら、なぜか、すでに、ぼくは落胆をかかえ込みつつあった。

それは、あの小さな点が、この巨大な湖の上で、あまりに非力に見えたからかも知れない。銃が、古くて、それに弾が一発ではと、頭にあったからかも知れない。

いや、何よりも、あの、先程頭上をかすめた、あまりに、我々の世界とかけはなれたものが……いったいそれが、ここにやって来るということ……それは、なぜか不可能なことのように思えた。

そしてセクハルーンが五十メートル手前まで近づいて来た時、とうとうぼくの落胆は本物になった。鴨を手にしていないのである。

セクハルーンは疲れたようにノロリ、ノロリ、とやって来た。彼は使った銃を横に向けて右手で支えながら頭の上に乗せていた。

……無表情であった。

そこには、長い間、無理に鳥の真似をせねばならなかった男の疲労がありありと窺われた。

ぼくはセクハルーンを哀れに思った。そして、再び舟の床に腰をおろして、彼のやって来る方から目をそらせた。

……寒いだろうと思った。

ぼくはポケットをゴソゴソ、やった。ハンケチで、彼の体を拭いてやろうと思った。

しばらく、……ぼくは、もうそろそろ、赤くなりつつある、東の空を見ていた。

湖の中と舟の上とで、二言三言、話を交すのが、ぼくの耳に聞こえた。

そして、その時、同時に、ドスン！という小さな鈍い音を舟の床の上で聞いたような気がした。ぼくは、ふりかえってそれを見た。

鴨であった……

たしかにそれは、一羽の鳥であった。

舟がゆれる……

セクハルーンが左の舷をのり越えて、舟に入り込もうとしている。

ぼくはもう、ワクワクした。

ぼくは、〝セクハルーン、よくやったね〟と日本語で言って彼の肩に触れた。

彼の皮膚は氷のように冷たかった。

無表情であった。そして、舟の上で歯をガチガチいわせながらふるえていた。

やがて、ふたたび、シャボッ、シャボッ、と船頭の持った竹の棒が、すべての終った静かなチルカ湖の一角に、緩慢な一つのリズムを奏ではじめる……

舟は西に向けて、つまり、岸に向けて、静かに湖の面を滑った。

ぼくは、舟の床に無造作に投げ置かれた、一羽の鴨を見ていた。

鴨の両の目に一本の長い羽根がつき通されており、それは、先を結ばれて輪を形づくっていた。

猟師が左手の指にそれを引っかけて、運ぶためである。

目から、首すじにかけて、点々と血を吹いている。

鳥は……まだ生きていた。

……

この打ちひしがれた鳥は、盲のまま飛翔を試ようとした。

鳥は無意識のまま、血と水に濡れた翼をギクシャク動かした。

無残にも、その度に、鳥は、ゴロリ、ゴロリ、ぼくの見ている前で床の上をころげた。

もはや、そこには、あの金輪の彼方を飛ぶ不可思議なものの片鱗はなかった。

湖は、すでに霧が晴れ……いかなる曖昧なものの存在も許してはおかなかった。

東の水平線に、朝の兆のみえるころ、ぼくは、そっと、その鳥の濡れた胸に手をやってみた。

そこにはかすかに、過ぎゆく生命の、温みがあった。

鳶〈とんび〉

けたたましいエンジンの音と、大仰な砂煙で、村の入口の赤っ茶けた小高い丘や、ガジュマルの樹の枝などに遊ぶ孔雀をびっくりさせながら、ジープやトラックを連ねた兵隊どもが、たまに、東の方からやって来て、村のいたずら小僧たちのあいだに、ちょっとした興奮の種を播くことがあってもそれは、こんな辺鄙な村には、用事らしい用事など無いのであって……不精髭に砂塵の粉を湛えた、荷箱の上の英雄たちは、差し出されたチャイの香も記憶に留めるいとまさえなく、走り去って行く。

村の広場の、乾いて白くきめの細い砂地の上には、幾本ものわだちがギクシャク残され……さめやらぬ裸足の子らは、そのあやふやな一つの線を追いもとめ、エンジンのように、ブゥブゥ言う。

舞い上った砂煙の失せるころ、孔雀は再び赤茶けた丘の上に舞い戻り、長いシッポをヒョコヒョコやりながら歩きだす。

もしや、兵隊に行ったワシの孫が乗ってはおらぬものかと、そのもうろくした頭の中で、叶わぬ奇蹟を夢見たのであろう……あの、いつもは寝たっきりの染物屋のジジイが、広場の入口の茶屋で、まのびした放心状態から立ち直り、そして、再び立ち上がり、ヨタヨタと帰路につくころには……それが、あれらのからさわぎの、最後の名残りというものであろうか……東の方から、ひと足遅れてやって来た空《から》っ風が、ひとしきり、無人の広っぱを吹きぬけた。


毎日毎日何の変哲もない日々が続いたのである。

仏寺の坊主が、口の中で何やらモゴモゴ言いながら、手垢のこびりついた数珠の玉を、一つ、また一つ、送りやる仕種に似て、日々は何の変哲もなく、やって来ては過ぎ去る。

一月、ぼくがこのプシュカールという村にやって来た、まだまだずっと前から、まったく天は湿りっ気をもたらしたことがない。

それでも、いくぶん水っ気のある湖畔には、牛たちの食むべき雑草のたぐいがよく育った。

水際の、草の生えない沼地の上では、あの足の長いシギ鳥が、キュワーヮ、キュワーヮ、と、いたずらっぽく飛びまわりながら、柔らかな土の上に、モミジ形の小さな足跡をいくつも残したし、突っつくべき餌の多い場所では、足跡も入り乱れ、重なって、水を含んだネズミ色の土の上に、アラベスクさながら、一定の模様めいたものが出来上がった。

そして……半月も過ぎたころ、草地のあちこちに、何やら黄色い、親指の先くらいの大きさの花が咲きはじめる。

毎日、白いコブ牛たちはやって来た。

タンポポの花が、風のない地上を浮遊するかのごとく、白い牛たちは、気ままに、フラリ、フラリ、と毎日やって来た。

いつも頭をテラテラに剃って、グリグリのところだけ三センチほど豚の尾っぽのように、束毛を残した、青い縦縞のパンツの少年が、この草地を横切る時には、白い牛たちは草を食みながらも、少なからぬ警戒心をそのお茶目な少年にそそぐ必要があった。でなければ、この少年はシッポを引っぱったり、牛自身の落したフンを鼻先にぬりつけたり、子牛なら背中の上に飛び乗ったりして、いつも牛をおどかす習癖があった。

そして、このヨタ者が草地を通り過ぎる時には、再び白い牛たちは何の労もなく、ひねもす草むしりに専念した。

やがて草の上に落す白い牛たちの影が、東になびくとすれば、今日も、それは夕刻の徴であった。

二月初旬の太陽といえば、この砂漠地方でも、まだ暑くはない。時折、このプシュカール湖の水面を小きざみに波立たせるような風が吹いたところで、冬とはいえ、それは皮膚に心地よくこそあれ、寒くはなかった。

牛たちは、毎日やって来ては草を食んだ。そして、あの裸足の少年も、陽光にそのテラテラ頭を差し出しながら、幾度となく、草地を横切って行った。

天と地の共存は、まことにうまく行っていた。

ところで、白い牛たちのたむろする向う側で、たまに、刀のやいばの光るようなものが認められるとすれば、それは《魚》だ。この村の誰もが魚を食べることを知らない。だから、湖の中は魚だらけで……水面から魚が飛びはねるのも無理はなかった。

何が因果か、水際で飛びはねた身のほどをわきまえぬ奴には、たたりがあった。運よく村人が通りかかって再び湖へと抛り投げてくれないかぎり、それは日干しになる運命にあった。

数えて十三匹見かけた野良犬の中で一匹だけこの土地の食糧事情に似ず丸々と太った犬は、他でもない、その湖より飛び出した魚をエジキとする、まるでトンビのような犬だった。

たとえば、水面よりはねた威勢のいい魚のキラリと光るその向うで、赤や黄の何かがヒラヒラするのが見えたなら……それは、向う岸のガットで村の女たちの沐浴する姿に違いなかろう。

この、まことに晴れがましい風景に遭遇するためには、何はさておいて、その前の日の夜には、早寝をすることが肝心である。

彼女たちは、水浴のついでに、ご持参の着古したサリーを湖の水に浸してはガットの石段にトントンと打ちつけながら洗濯をするのが常である。

洗い終えたサリーは、ガットの上にところせましと広げられ、風に飛ばされぬようにと、その四方には、ありあわせの石のおもしが乗っけられる。そして布の乾くひとときの間、彼女らのおしゃべりは絶えることがない。

時折、一陣の風が湖を横切ると、赤や青や黄や、色とりどりの半乾きの平べったい布も、湖のさざ波と同じようにして波打った。

不手際に干された一枚の黄色いサリーが風に飛んで行くと……おしゃべりの輪をぬけたババアが何やらわめきながら、あわてて追っかけるのが見える。ババアの剣幕におされたカラスどもが、パッと空に向ってチリヂリに舞い上がる。……蒼い空。

ほとんど、何の目的もなく舞い上がったカラスどもは、カァーと間の抜けた鳴き声とともに、無器用に羽根をばたつかせながら、それぞれ好き勝手に、湖のこちら側で草を食む白い牛の背中につぎの居場所をきめこんだり、ものぐさなものはまた、もとのガットに舞い降りたり……何のヤボ用を思いついたのか、三、四羽の若武者は隊をなし、勇んで、村の西の方にある、岩と土ばかりで出来た、おもしろくもない、すりばち型の山の方へと飛んで行った。

二月の十九日といえば、それは朝からどことなく、この単調な村の風物に、ちょっとした変化の兆が見られた。この地方の一つの神であるバグワンの神の祭であった。祭というにはちゃちなものだが、この単調な日々の連なりに何らかの色合をつけるには、それは十分であった。

東の空の白みはじめるころから、このプシュカール湖の周囲をぐるりと取り巻く白い家並みの、ちょうどバザールのある通りの方で、ドン、ダバ、ドン、ダバ、と二種類の太鼓の音が交互に鳴り響きはじめる。

昼ごろから、あのトランペットを伸ばしてヒュッと一直線にしたような、長いシンチュウのラッパが太鼓の音に加わった。

プァー　ドン　ダバ……プァー　ドン　ダバ……とデブの女を含む三人の奏者が先頭に立って歩き出すと、二、三十人のターバンの男や赤ん坊を腰に乗っけた女や、例のヤンチャ坊主どもが、ゾロゾロと自分勝手なおしゃべりをしながら、それについてまわった。行列の最後には、人の集るところ、なにがしかのおこぼれもあろうと、痩せこけた野良犬が足どりも危うくヨタヨタと……それでも幾分ラッパやタイコの音に調子づいてついて行く。

湖の周囲を取り巻くこの小さな村を、プァー　ドンダバ……プァー　ドンダバ……と何回となく飽きもせずに、ひからびたミミズが這うように、細長い行列は、ノロノロと執拗に回り続けた。

ときおり、その小さな太鼓の音が、村のどこからも途切れることがあるとすれば……このプシュカール村を遠巻きに囲む砂丘の西方四キロのところにある、家の数三十あまりの、小さな集落に向けて、行列が進行中であることを示すものだった。

そして、義理を果して帰って来た行列が、再び、プァー　ドンダバ……プァー　ドンダバ……とプシュカールの村を回りはじめるころ……すでに、日は西にかたぶき、空高く小鳥の群がさえずり、遊戯した。

いささか、歩くことに興味を失った、長いギクシャクした人の列も、歯の抜けるように一人抜け二人抜けして……やがては、祭の権威を失墜せしめるほどに、例の痩せ犬も興味を示さぬ小さな所帯となり……ただ、長ったらしい行進の最後に配られる、西洋風ミルクキャラメルめあての、五〜六人の裸足の小坊主のみが、後になり先になりしてついて行く。

この村に、二十ばかりあるヒンドウ寺院の、日没を告げる鐘の音が、いつものようにあちこちで呼応しはじめても……ファー　ドンダバ……ファー　ドンダバ……と、小さな行列は、村の白い家々の露路から露路へと渡り歩いた。

やがて、小鳥たちの遊戯もままならぬほどに、天の最後の青が地の影に消されつつある時、この直径百メートルばかりの小さなオアシスを囲む、プシュカールの村も、すでに着々と闇の中に沈澱しつつあった。

そして……村のどこにでもころがっている、白っぽい岩と見まごうばかりの固さで、白い牛たちは、ここかしこの地表にうずくまり、動くことがなかった。

ドン、ダバ、ドン、ダバ、と、夜の帳《とばり》の降りた地上を、ラッパの抜け落ちた、二つの太鼓の音が、昼間の勢いほどもなく、ただ、〝物〟の惰性にしがらみながら、動くともなく移り行く。

かすかに輪郭の保存された風景の内に湖は、ひときわ黒く、刻印され、空《くう》をさすろう、二つの、小さな音を、深い眠りの中へと、さそい込みつつあった。

やがて……そして、突然、〝グギャーッ　グギャーッ！〟と、あの、天の暗黒を引き裂くような、孔雀の群の、方々で呼応して鳴くさまが、すべての村人の耳に伝わりはじめる時、それはすなわち、巨大な闇の始まりというものであった。

朝は、つまり……東からやって来た。

西のそれと対《つい》をなして、村の東北にも、これも赤茶けた土と岩ばかりで出来た、高さ二百メートルくらいの、すりばち型の山がある。その頂の、白い土壁で出来た、小さなアシュラムが、いち早く、ほんのちょっとでも、朝の陽差しを受けて、ピンク色に輝くなら……その時、それはこのプシュカール村の最も栄光ある場所だということを、村人の誰もが昔から信じて来ているらしい。

湖を中心として、村の周囲の砂丘群より、やや窪んでおり、だからあの白いアシュラムが朝の陽に輝きだしてから、ずいぶんと時間が経って、村はやっと太陽という神のおぼしめしを乞うことが出来たのである。

最も栄光ある場所に住んでいながら、朝寝では村で一、二を争うというのがバル・グルジーという名のなまぐさ坊主であって、この坊主は湖の面に朝の陽が落ちようかという、八時も過ぎてノコノコとアシュラムから這い出してきて、すでに光炎のまぶしすぎる太陽に向って、プイ、プイ、と、あの小さなホラ貝を吹くのであった。

ホラ貝は元来、陽の出と同時にプァーと出来るだけ長い息で吹き続けるのがよいのであって、あのバル・グルジーというジジイのように、八時ごろ起きて来て、プィプィと、つまったキセルを吹き通すようなたわごとでは何にもならない。だから、当然いち早く今日も朝の来たことを告げるべき敬虔なるホラ貝の音は、村の民の耳に届くことはなかった。

〝バル・グルジーもね、若いころはいい音を出したし、朝も早かった……子供のころはよく寝床で、あのホラ貝の音を聞きながら目覚めたものだ……

まるで、耳もとで母親がささやいてくれるように……本当に、まったく、私の耳のホンのすぐそばで聞こえたものだ……若い者と交代したらと人はすすめるのだが……まったくガンコでね〟

乳牛を飼っている家の女たちが、村の南側にある灌木地帯に牧草を取りに行くのは、まだあの老いぼれアシュラムに、これっぽっちも陽の当らぬ、朝の五時、いや……それよりもずっと早いであろう。何しろぼくは、彼女たちの仕事に出かける姿を一度も見かけたことがない。ともかく、彼女らは、自分たちの汚い家から、通りに面して、二、三メートル突き出した軒下に、一頭か二頭の、多くてせいぜい四頭くらいの乳牛を飼っているのであって、その牛の乳をよく出すには、何でも、南の灌木地帯の近くによく育つ、ギンギンとかいう名の雑草を、毎朝、食べさせればよいらしい。

湖の西側のガットに、朝の陽が降りそそぎだすころ、朝働きする必要のない女たちは、水にたわむれはじめ、ぼくはその時をもって常にぼくの真なる朝としたのだが、そのころ、あのギンギン集めの女たちは、すでにギンギン集めを終っており……

たとえば、村のすべてが見渡せる高台にしつらえられた、この村でたった一軒の安宿の一室で、朝食の目玉焼きをまさに頬張らんとする時、南の灌木地帯から、やけに不恰好な、頭デッカチの、まるで……火星人のような動物の群が突然現れたとしても、ぼくはもう驚きはしないのだ。

なぜなら、それこそ、このプシュカールの朝を、最初に賑わす牛乳屋の女たちの雄姿だからだ。

彼女らの頭の上には、信じられぬほどの平衡感覚によって支えられた、直径一メートル以上もの草の玉が、ユサユサゆれており……頭は草の玉の中にめり込んでおり……草のゆわき方を少しでも失敗したものは、歩くたびに、頭がめり込んで、もはや前方を直視する能力を完全に失っているのだが、彼女らは不思議にも、やっぱり自分たちのかわいい牛のもとに、帰りつくのであった。

本当に馬鹿デカイ、三十メートル離れていても、人をギクリとさせるようなゲップを、いつもグェー! グェー! とやりながら、村をうろうろしている、例のゴロツキ牛……牛乳屋の女たちの最大の敵は、まさにあの褐色のバッファローであった。

村に一匹しかいない、このゴロツキ牛の悪知恵といったら大変なもので、このギンギン草の行列を見つけると、列の一等最後の女、つまり、頭が完全に草の中にめり込んだので、後にまわって、前の女の足のカカトだけを見ながらヨタヨタついて歩いている女の、そのまた後ろにまわって、フロシキの間から飛び出た牧草をひっぱり出して、盗み食いするのである。

ある朝、ミルク屋の女たちの猛り狂ったような声で、目が覚めるとするなら……そのゴロッキ牛と、まじめな牛を飼っている女たちとの、ゲームが始まっているというわけだ。

〝コノコノコノ！　ドロボウ牛め！　ギンギンが食いたきゃあ、ゲップを出さずにおらが牛のように、チチを出せ　コノー！〟

ドロボー牛は、盗んだギンギンを、くわえられるだけ口にくわえ、あなたたちの怒りを決して、全然無視しているわけではありません、というふうに、お体裁程度に、五、六歩コトコトコトと遁走しては、そして立ち止まり……ムシャムシャやって、またグェー！　グェー！　と、村のあちこちをうろつきはじめる。

そんな時、すでに朝の陽は、プシュカールの村の、ありとあらゆるものを、燦々と照らし出しているのであり、それは、あのすべての生きもののドラマが、陰影のない地図にこびりついてしまう……昼の兆を、十分に伝え始めている。

太陽が垂直に昇ってしまって、街、動物、人、樹……すべてのものが、取り立てて言うほど、そんなに大したものじゃないような、白っ茶けた姿をひけらかす時は……その時、地上とは……苦しくも、辛くも、悲しくも……さりとて、特別おかしいというわけのものでもなく、ただそ

श्री पुष्कर
राज

こに横たわっているだけのことだ。

朝方、あの一件で、ケタケタと笑って出来た鼻の両脇のシワのなごりや、いつも、夕刻の沈黙の中で、湖を見続けては出来てしまった、眉の間の、ちょっと哲人めいた二つのタテジワなど、真昼の太陽の下で鏡を見たりすると、まったく、それは何ものをも意味しないばかりか、……おい新也、やっぱり君は人間なのだね……と、ささやかな慰みを施したくなるほどに、ちょっぴり滑稽で、照れくさく……だからぼくはそんな時、ちょっと困った顔をして、村の向うの白い砂丘に目をやるのが常であった。

あそこには、ラクダが食むべき、あのトゲトゲの、痛い、茶色っぽい雑草が、苔のように、あちこちにこびりついているだろうし。

どんな動物だって、そこにフンをすれば、例のフンコロガシが、どこからともなく飛んで来ては、コロコロと、それを山羊のフンぐらいの大きさに丸めてしまう。

夕刻になれば、雑草の根もとの、こわれやすい小さな穴から、ガサガサと、足に毛がいっぱい生えたクモが這い出したり、砂の色より多少色の濃い、シッポと頭の見分けのつかぬ、奇妙な形の毒ヘビが出て来たりする。

だがそれも今、この真昼にあって、ただの砂丘だ。

若気の至りと言おうか、ぼくの中にはまだ、《人生》と言うべき、たいそうなものが波打っているので、このぼくの人生を損う、恥知らずめの真昼になると、宿屋の土作りのベランダに出ては、風景を見渡し、しばらくあの無味な砂丘を眺めた後、ひょっとすると、これは風景の出来損いなのではあるまいかと、逆に居直って、日本から持参した、折畳式の、見たものが何でも十五倍に見える望遠鏡を、ガチャッとのばして、一時間も二時間も、風景の細部をくまなくつついてまわると言うのが、ぼくの日課のようなものであった。おそらく、村の者がこれを見ると、その人間は、いみじくも、バザールの自転車修理屋のオヤジが言ったように、《遠くのものを、わざわざ近づけて見る変な外国人》なのであろう。

その、わざわざぼくが近づけて、毎日見たものと言えば……湖の東の縁にある、バグワンの寺のタンク（沐浴場）の中で、人々が投げ入れたお賽銭を、毎日毎日盗みにやって来ては、湖の底の泥を、数百回もてのひらですくって、確実に夕方のメシ代を稼いで行く、罰当りめのことか……宿屋の裏側にある菩提樹の木の実を食べに来た二匹の猿と、その辺を縄張りとするカラスたちの、蜒々二時間にわたる決着のない攻防戦とか……ある日などは、北東のヒマチュル・プラデージ州からやって来て、湖の縁でファーとホラ貝を吹くなり、突然、腕立て伏せを六十二回もやったかと思うと、すぐに十八分間、逆立ちをやって、それが終ると、何やら足を不可能なほど折り曲げて、頭の後ろに回したり、つぎにはライオンが坐ったような型になって、目をキッとむいて、歯をむき出しにしてみたり、終いには、湖の泥を体に塗りつけては、また腕立て伏せを二十回やって、それが終ると、ご持参の牛のフンを六枚ばかり、自分の周りに置いて燃やしながら、何やら口の中でモグモグ言って、最後にファーと、湖の方に向ってホラ貝を吹いたかと思うと、そそくさと村の方に消えて行った、裸の奇妙な人間のこととか……たまには、今にも飛びかかろうとして、けっして手を出さない、声のまったく聞こえない長ったるい口ゲンカをする、二人の男とか、およそ、殺伐とした真昼に、望遠鏡でわざわざ近づけて見たものと言えば、ことごとく、何とはなしに、滑稽なものとしてぼくの目に映った。

だからぼくは、半年もこのようにして、これらの真昼の風景に対して省察を加えた結果、その時、風景は、細部ではちょっぴりユーモラスな……だけど遠目には殺伐として、人の悲しかったり、嬉しかったりする人生というものを、おちょくるような、二重複層性を持った風景であると判断した。

ぼくはちょうどその頃、二十六歳と十一カ月なにがしかであった。

ぼくの住んでいる宿屋は、かつて、このラジャスタン地方に割拠していた数ある王族の中の、プラングルディブ・ナジ・シラーラという名前の弱小貴族の城を改造して造ったものだと聞いた。

コの字型をした二階建ての上に、ところどころ、先っちょに槍のついた、ドーム状の屋根があることと、一階正面の木造りの、高さが四メートルもある門と、それに、すべての壁の色が、ピンク色がかった土色をしていることなどが、城としての名残りをとどめている。それに、何もかもが大造りで、壁の厚みは、夏の苛酷な暑さを乗りきるに十分なだけ、幅広く取ってあり、一階の最も古い部屋の壁などは、壁をうがって外側近くについている窓へ手を伸ばそうとしても、とどかないところもあるくらいだ。夏が極端に暑いこの地方の、快適なくらしといえば、ただ、ひたすらに壁を厚くすることぐらいのものなのである。

ぼくの二階の部屋は、あとから建て増ししたものだが、壁の厚さは五十センチ以上あって、壁をうがってつくった窓の裾には、飲料水の入った水ガメや、バザールで買ったパパイヤの食いかけや、いつも奇妙なインド歌謡をキーキー流している安もののポケット・トランジスターラジオや、湖の縁から拾ってきた魚のミイラ、孔雀の羽根、牛の脊椎の一部、まだ食べていない鯨のカンヅメ、中国産ブタ毛の歯ブラシ、練りハミガキ、水筒に插したちょっとした花のたぐい……と何でもかんでも置くことができた。それらの雑多な物の頭ごしに、窓の外を見ようとすると、緑がかった質の悪いガラスを通して、風景は小きざみにダンダラ模様となって見えた。その旧式の窓に、陽差しがほどよく斜めに当る、夕方の四時から五時のほんの少しの間、窓ガラスの中に取り残された、数知れぬ、こまやかな気泡が、疑似星となってきらめいた。そして、疑似星がその輝きを失っていくと、今度はしだいに、赤い陽差しは、窓から斜めに入り込んで来て、ほとんど無茶なとり合せで置いている、窓の縁のあの雑多な物たちを、赤い光輝と長い影によって統率した。窓とその近辺は、まるでそこが一つの世界でもあるかのように、朝な夕な、さまざまな変幻を見せながら、静かに移ろうた。

これほど退屈な話も〝またとなかろう〟とカラスの鳴くほどに、阿呆でも丸暗記できる、日日の移ろいと変化が、毎日、まったく同じように、くり返しくり返し……天と地の運行に従って、築かれ、そして、解体されていったのである。

ぼくの住む部屋も、そして村も、湖も、砂丘も、日々同じようにして、静かに変化した。ぼくは、このようにして、一日の移ろいというもの……つまり、窓や、部屋や、湖の色や、砂丘や、そして家並みや、樹々や、生きもの……何やらかにやら、変化しながら淡々と反復するもののいっさい、つまり地上、そして生きもののありようを、一つの視点から、暗黙のうちに記憶してしまったのである。

同じことを何度も見ると、吐き気をもよおすという、文明が創った特異な胃壁を、ぼくもやはり持っていたが。では、そんな生活の中で、さらに憂うべき、何らかの生理的異常をきたしたかというと……不思議と幸運なことに！　ぼくは、それらの風景が、野バラの花の香くらい……適度に刺激的で、神の創りたもうた生けるものの数だけ、ユーモアを飼育しており……日日は、今日の記憶を消し去る闇と沈黙のうちに沈み、そして朝は、ぼくの前にいつも不死身であることを知った。

ぼくは、生理学や、心理学や、生物学や、物理学や、地質学や、考古学や、天文学や、その他のいろんな学問をやろうという気はなかった。ぼくは毎日、幅の広い布ヒモでダンダラに織ってある、軽いベッドの上で、寝たり起きたりした。朝起きると、ぼくは、ガラガラッとうがいをした。軒下の鳩が、クークー言った。新聞も来なかった。目玉焼きを焼いて食べた。砂漠地方のニワトリは、骨ばかりで、だから、卵も小さかった。朝になると、宿屋に飼っているニワトリの生む卵の大きさの点で、宿屋の主人であるモハムと、小さないさかいが絶えなかった。モハムは、大小にかかわらず、ニワトリの卵はニワトリの卵と決めていた。だから時々、あの栄養失調で、ビッコをひいている、例の茶色いやつが、恥知らずにも、ウズラのそれのような小さな卵を生み落しても、モハムは、ちゃんと、一個につき三十パイサ（十二円）を、請求したのであった。

宿屋には、全部で部屋が十六あって、どれもこれも、不必要にだだっ広かった。そして、泊り客と言えば、いつもぼく一人で、一度、東の方から、子供づれの夫婦が、一日だけ泊っていったことがあっただけだ。だから、使っている部屋は、六号と七号と八号の三つで、あとはほこりだらけ。ぼくの部屋は、二階の八号、壊れかけた石づくりのベランダ付き、一泊九十円。

二階から中庭を見おろすと、つまり、料理や、会計や、痩せっぽちのニワトリのめんどうや、ボーイや、すべてを一人でやっているモハム（三十二歳独身）が、いつも、トントン、シャキシャキと、大工仕事をやっている。モハムの作っているものは、意外にも、アタッチメント・ケースというしゃれたものだ。これは、十日に一度くらいやってきて説教をして行く、モハムの叔父にあたる、モハムに言わせると〝ビッグ・グルジー〟（偉大な先生）が、

〝モハムよ、おまえはいつも客がなくて暇なのだから、何か内職でもするべし〟

と言ったのがきっかけで、やりだした。村で、個人単位に注文をとるか、注文がなければ、

四つか五つ出来上ると、近くの中都市まで出かけて行って、カバン屋に納入する。一つ作って、四百二十円なにがし、材料代が百円……近頃は手早くなって、だいたい二日で一個できあがる。ありあわせの板を切って、枠を作り、背腹にベニヤを打ちつける。その上に、ツルツルの黒いビニール布を張って、張り合せで出来た筋目を隠すために、その上にちょっと模様の入ったビニールのヒモを、さらに小さなクギで打ちつける。モハムが力説するところによると、手さげをなかなか取れないように取りつけるのが、むずかしいらしい。最初は、すぐ取れてしまうので、苦情がきたが、研究して、クギをハスカイに打つようにした。これでも、まだ完全でなかったので、最後には、ついに、モクネジによって取りつけることを、考えついたそうである。ぼくは、それは当り前のことではないかと思った。〝さらにむずかしいのは〟、とモハムは言った。つまり二つの箱の縁の、凸と凹の段になっているところが、うまくかみ合うかどうかが、製品の良し悪しにひびくそうなのである……彼の自慢は、箱のフタの裏側に、普通のようにピンク色のうすいビニールを張るのではなくて、雑誌から切り抜いた、人気映画俳優の写真とか、軍人の写真とか、シバとか、クリシュナの神のブロマイドを張り合せて、一定の、模様めいたものにすることである。吹き出しそうになるのを、こらえながら〝モハム、それは良いアイデアだね〟と言うと、とうとう、恐れていたことが起った。一つ売ってやると言い出したのだ。ぼくは、この滑稽なアタッチメント・ケースをさげて旅するのも、そんなに悪くはないが、と思ったが、いつか、手さげがはずれるのは、目に見えているので、最後まで褒めながら、そして断った。

モハムには、もう一つのたいした自慢があった。テープレコーダーを持っていることだ。彼は、この旧式の、大きな不思議な機械を、五年前、ニューデリーに行った時、意を決して買った。録音装置はすでにこわれていて、今ではたった一つのテープが、いつも、同じ音をくり返している。おそらく、何回もくり返してかけたので、音は、ザー・コトコトという雑音とともに聞こえる。妙なことに、英語で、〝主よ、わが身もとに、光を与えたまえ〟という讃美歌のようなものが、のっけから鳴り出す。それが終ると、女がキーキー高い声で歌う四年前に流行ったインド歌謡曲、それが途中でスッと途切れて、二十秒ぐらい、ザー・コトコトという雑音だけが鳴る。そして突然、スピーカーを破るような、あわてた老人の声が何かどなると、すると、また、プッと切れて、すぐまた、同じ老人の声が、今度は最初から、ちょうどよいくらいの声で、ヒンドウ語をしゃべり出す。説教らしい。これも、四分ぐらいしゃべっていて、プッと消える。そして、五分ぐらい、ザー・コトコトをつづけて繰り返して、突然、〝サブ・サブジーハイ〟(全部野菜か?)という男の声が聞こえる。かすかに〝ネー〟(違うよ)という女の声が聞こえる。これが、収録されている音のすべてで、あとの二十分くらいは、全部、ザー・コトコトという雑音だけである。モハムは、なぜか、讃美歌が一等好きだった。モハムが、キリスト教のことを、ヒンドウ教の一派だと勘違いしていなくても、やはり、いつもやるように、仕事のあい間に、すりきれてボロボロになった讃美歌を聞いていただろう。

夏の近い、ある日の夜の十一時頃、書きものをしていると、中庭の彼の仕事場の方から、例の、すりきれた讃美歌が鳴り出した。いつもなら、十一時頃には、彼は寝てしまっているので、不思議に思って、降りて行ってみると、モハムが、例の猫背を、さらに折り曲げるようにして、しゃがみ込んでいた。そして、

〝イエ・ダイ・サーブ〟（これ・死んだよ・だんな）

と言って、彼の作りかけのアタッチメント・ケースを指差した。箱の中には、ワラがたくさん敷きつめられており、モハムの肩の上に、いつも乗ってはしゃいでいた子猿が、おしりからまっ黄でベチャベチャの便をたれ流して、あお向けに横たわっていた。胸から下腹にかけて、指先で押したように、皮膚に薄いピンクがかった青の斑点が出来ている。白い柔らかな産毛《うぶげ》が、ひよわく、そして、痛々しかった。アタッチメント・ケースの上には、ピッタリとテープレコーダーが寄せつけられ、コトコトと回っていた。讃美歌が終っても、まだ、それはコトコト回っていた。〝サブ・サブジーハイ〟（全部野菜かい？）〝ネー〟（違うよ）と言ったあともまだ、ザー・コトコトと回っていた。

しばらくして、また、モハムがぼくを見上げて言った。

〝イエ・ダイ・サーブ？〟

モハムの目には、いくばくかの驚きの色があった。

ぼくはいつも、朝食をすませたあと、自分の部屋と反対側の続き棟まで、バケツにいっぱい水を入れて、歩いて行った。反対の棟の東の角に、出っ張りがあって、人間一人が通れる、細くて薄暗い四メートルぐらいの通路がある。通路を通り抜けると、その先っちょに、二畳くらいの六角型をした小部屋に出た。石床の中心部の直径一メートルぐらいが、部屋の形に合せて、六角型に十五センチほど盛り上がっており、その真中に、楕円型の穴が、黒くすっぽりと抜けていた。つまり、これは便所なのである。天井は、六角のヒダを持つドーム状になっており、そして、四方の厚い石壁には、比較的小さい窓が、ちょうど坐って目の位置に来る高さにうがってある。毎朝、ぼくはその部屋に入るのがなんとなく楽しみであった。その部屋は、不思議な感情を呼び起したのである。それは朝の黎明にあって、ぼくにとって一つの奇妙な旅だった。旅はまず、例の、人型を切り抜いたように、せまくて細い、薄暗い通路を通り抜けるところから始まる。通路は、外界との連関を断ちうる、最小限の長さと細さ、そして小さな闇を保持している。六角型の小部屋に踏み込んで、まず最初に目をとらえるのは、四方の窓よりこんもりとさし込む光が、一体となる中心部、そして、その不思議な明るみの中心部にすっぽり抜けた楕円型の黒い穴。

ぼくはじっと、光によって照らし出された、直径五十センチばかりの、黒い楕円型を見すえる。光によって与えられた闇。真昼の空の一角に、光を通さぬ一定の黒い空間が、ポッカリと浮いているような。それは、ぼくが知っている、いかなる種類の闇によっても解釈できない暗みのように思えた。ぼくはその部屋に入った時、いつも、インドの古代の書物の中の一節を、少しだけ思い出した。

……何か、うごめいていたか？　……それはどこで？　……何の下で？

日と夜をわかつ、何のしるしもなく……沈黙の中で、あの一つのものが、音もなく息づいた。しかし、それに続くものはなかった……そして闇は、未来を形のないまま保持していた……。それを神こそは知っている……しかし、また、知らないかも知れない……。

太古の闇の上にまたがる時、ぼくは、翼を広げた始祖鳥のような気分になった。卵を生み落すと、三秒もして、底の方から、ポーンという音がこだましてきた。闇の底へ、ぼくは、新しい生命の兆を吹き込んだような気分になった。その時ぼくは、四方からさし込む、たえなる光明の、まさに中心としてあった。そして闇へと、一つまた一つ、卵を生み落していった。ぼくは宇宙全体の生理を、自分一人で引き受けているような気分であった。

ぼくは毎朝、その小さくて巨大な旅に、労なく出かけることができるのを喜んだ。いくら食っても、その小さな旅に出るべき根拠が、下腹部に現れないような時は……辛抱強く、ただひたすらに待った……

ひとかたならぬ努力にもかかわらず、そして、とうとう、崇高さに導かれる、いかなる発端も見ない時、ぼくははじめて思考を働かせた。人間の生理の不順というものは……と考えた。きっと、直立していつも頭を上に向けているからではなかろうか……そしてぼくは、尻を天に向けるべく、逆立ちを三分三十秒くらいやった。三分三十秒は、ぼくが二十七年前、この地上に立ち現れる以前の……つまり、人類というものが、ぼくの脳に発生する以前の崇高なノスタルジーを与えた。しかし、排便はなかった。そしてぼくは、信ずるに足りる結論を得た。排便は、直立のたまものであり、そして、たまにやってくる、生理の不順というものは、あの奇蹟的なる排便によって得た、崇高さのたまものであると。

これらのすてきなゲームは、夏の近いある日の朝、モハムの野郎があわてて階段を駆け上がって来て、〝アッチャ・ナヒン・サーブ〟(だんな、無茶だよ)と言って、終止符をうたれた。モハムの話によると、例の古い便所の土管は、モハムの詰め所の上に通っていて、最近、どうも部屋に液体が漏ってきて、かんばしからぬ香を放つので、不思議に思っていたということであった。ぼくはそれでも、土管を修理して、六角型の便所の方を使わせてくれるよう要請したが、モハムは、修理しても、ぼくが発ったあと使う人がいないので無駄になってしまう、と言って、頑として聞き入れなかった。三日ほどして、モハムの叔父である《ビッグ・グルジー》が、ひょっこりやって来たので、ちょうど良い機会だと、三人でそのことを相談した。ぼくは偉大な先生に、何故、私があの六角型の便所を使いたいかということを、一所懸命説明してみた。偉大な先生は、時々まぶたを閉じたりしながら、いかにも解ったらしい顔つきで、相槌をうっていたが、最後には、まことにそっけない返事が、ぜいぜい言う喉元から返ってきた。〝便所は、やはり、使えるのを使うべし〟

赤く錆びた、仰々しい鉄のカンヌキのかかる、ぼくの部屋の古い木戸は、縦横それぞれ二メートル近くもあって、宿屋の部屋の入口にしては、大きすぎる。ぼくはいつも、散歩から帰ってきて、この木戸を開けるごとに、少々苦労した。鉄のカンヌキの真中に、穴の開いた出っ張りがあって、そこに大きなシリンダー錠がかかっている。このシリンダー錠は、じつに気まぐれであった。散歩から帰って来て、この図体のデカイ、古びた錠前を見るごとに、〝さて〟と一考を要した。モハムの言うには、それは、鍵を、錠前の裏の小さな穴に、頭がのぞくほど差し込み、さりげなく右に半回転することによって、すなわち、その頑な心を解くのであるとのことだったが、それは多分、モハムが何年も前に、そのうら若き彼女を迎え入れた時のことであろう。開かぬはずはないと、怪訝な顔つきのモハムに、〝モハムよ、君は、彼女の若かりしころの従順さが、忘れられぬだけなのだ〟と慰めのことばをかけながら、ぼくは、ガチャガチャと、錆びた鍵をひねり回すのであった。

年老いて、緑のペンキの剝げ落ちた錠前は、すなわち、明日、誰とも知れぬ、彼女の、またやって来る主人に、疲れ果てたのであろうか。彼女は気まぐれ、もしくは、ひねくれ者であった。まして、この東洋の端からやってきた、二十歳なにがしかの奇妙な若造に、そうやすやすと心を開くわけはなかった。その日も、何かのはずみに、その弧を描いた、いささか不細工なまでに太い鉄棒が、ガチャリと開くことがあるとすれば、それはひとえにぼくの根気強い献身によるものであると言えた。

しかし、《時》は偉大であった……何日も何日も、開けたり入ったりするうちに、いつかぼくは、何の労もなく、ぼくの部屋に入ってゆくことが出来るようになったのである。

ぼくは、彼女の心理を読み取り、彼女は、ぼくの理解するところのものを受け入れたのである。ぼくは……昨日も、今日も、やすやすとぼくの部屋の戸を開けた。

そして……夏がやって来た。

夏の到来を告げると言われる、三月十二日と十三日のホーリーの祭りで、例によって、年齢不相応にガキを孕んだ色気違いの老婆から、瘦せ細った野良犬までが、いくばくかの忠誠心と、あきっぽさと、そして軽薄なからさわぎとの相まみえた、ひと騒動をやらかしてから、二、三日もすると……村の利巧者や、ふだんはほんのちょっとした先の見通しも立たぬ、村の阿呆者までもが、こぞって、折につけ、言葉の端々にそう言っていたように、本当に、太陽はみるみる熱くなった。

そして、あの祭り以後、日増しに熱くなる太陽とは逆に、あたかも、人々の記憶に、冷静であらねばならぬ何ものかが蘇ったかのように、村人は、あまり、取り立てて言うほどの、からさわぎをやらなくなった。

太陽の近い真昼など、村はこれまでになく、静かに横たわり、それは、何かの発端を告げる無気味ささえ、感じさせるものがあった。試すような足どりで、静かな真昼に、ガットの石段を裸足で踏むと、すでに足の裏が熱く、そう長くは歩けるものではなかった。そして白い石段は、時として、踏むべき稜線を見失うほど、目にいたく、まぶしかった。

いつの間にか……草地のあちこちに咲いていた、あの小さな黄色い花々も、しだいにその可憐な姿を消していった。そして、雑草を、相も変らず食みつづける白い牛たちの動作が、いっそうのろくなる時は、すべての動物が、その苛酷な暑さによって、身に余る打撃をこうむる時であった。

最初にみじめだったのは、南のガットの端っこにころがっている、カラスの死屍だった。カラスの死骸は腐って、おのれの生前に企んだ、数々の悪企みに等しいような悪臭を、放ついとまさえ与えられることなく、たったの三日もすると、ひからびてしまった。そのかわいそうなカラスが、滑稽なまでに不恰好な姿体をさらし続けながら、言われるままになっているというのに、太陽とカラカラに乾いた大気は、ともども分ち合いながら、ひからびたカラスの屍体から、最後の一滴まで、湿りっ気を吸いとった。悲劇は終りを知らなかった。

ひからびたカラスの毛穴は、馬鹿みたいに突っ張ってしまって、風をスースー通すようになった。目んくり玉もへっこんでしまった。時たま風にあおられると、頭の毛やら、翼のところどころの羽根までが、ぬけ落ちた。ぬけ落ちたカラスの羽根が、砂塵を含んだ、黄色い風に舞った。

カラスのつぎにみじめなのが、あの、愚かな痩せ犬だった。午後の強い陽差しのおかげで、あばら骨の浮き出た茶色の痩せ犬が、ヒョコヒョコとやってきて、飛ぶ羽根っ切れを追ってみた。黒い羽根は、石コロや雑草に、突っかかり、もっかかり走った。犬は、無感動に、ヒョコヒョコと、それを追っかけた。へちゃげた影も、地面にへばりつき、ついて回った。痩せ犬は、いくぶん湿りっ気のある沼地に止った黒い羽根を、しばらくの間、小さな亀裂の走った乾いた鼻で、ピクピクかいでいたが、みじめな鼻は、それを食えぬ代物であると、悟ったらしい。茶色の痩せ犬は、ツラをちょっと上げた……死んだ魚の目のように、白っ茶けて、飛び出した目、それが、虚空を、キョトキョト走った。そしてまた、鼻をピクピクやった。それから、馬鹿なその犬は、骨のゴツゴツ出っ張って、そろばん玉の連なりのように垂れ下がった尾っぽを、何のつもりか、二、三回無気力に振った。犬は、再びほんのちょっとの間だけ、羽根っ切れをかいだ。そして……すべてをあきらめた。

だが、犬がそこを立ち去ろうと五、六歩、歩んだ時、また、ろくでもない突風が吹いて、羽根っ切れが、地面を這いつくばるように、カサカサと動き出す。痩せた、まぬけな、飢えて片時の記憶もない、目のショボショボした、重い尾っぽをひきずった、本当に馬鹿な、この犬は、またまた、ヒョコヒョコと、主のいないあの薄情な羽根っ切れを、追っかける。

湿った沼地の上には、あの茶色い痩せ犬の生涯を露《あらわ》にするような、軽い小さな足跡が、ギクシャクと、無慈悲な風の吹くところどころに、連なり……そして連なって……人の視野の外へと、はみ出していく。

そして数日、太陽はジリジリと沼地にも同じように照りつけた。痩せ犬の残した、たどたどしい足跡が、水分を抜き取られて白っぽくなった沼地の表面に、小さな雛型となって、ポツリポツリと定着した。かんがみるに、それは、あの痩せ犬の、いずこかにおける死を告げるような、空疎な化石のごとく、無表情に定着した。

つぎの日もつぎの日も、太陽は容赦しなかった。犬の足跡に、まことに小さな亀裂が、網の目のように走った。それは、あの死んだ痩せ犬が、どこかの乾いた砂の上で、ひからびたカラスと同じように横たわり、日一日と骨や皮の突っ張るさまを、思わせた。

それから数日後……

突然、どでかい亀裂が、犬の足跡をグサリと引きさくのを見た。もはやそこには、いかなる生きものの記録も、保存されようがなかった。太陽の触手は、動植物のみならず、自然のいっさいに及んできたのである。水際をのぞく沼地の湿りっ気も、どんどん吸い取られていった。そしてそこは、生物の痕跡が再びやすやすと印されるように、柔軟ではなくなった。

この夏の余りある暑さというものは……すべての生物、地殻の上のあらゆる可変的な特質をおびたすべてのものに対して、何らかの変貌を強いたのだが、村人は、こういったものに対する順応を、そのすぐれた生活の知恵とも相まって、カラスや犬や牛の類よりも、うまくやってのけた。

彼らの家々の風通しの良いところには、必ずと言ってよいほど、大きな素焼きの水瓶が置いてあった。水瓶の表面には、中の飲料水がしっとりとにじみ出て、薄い水の膜を張った。にじみ出た水の膜は、乾燥しきった大気に触れると、たちまち蒸発するとともに、表面の温度をもさらっていく。それを補うように、また次々に、水が表面ににじみ出て、そして、またそれは蒸発して……水瓶を冷やす。この、ささやかな、自然のもたらした物理的作用によって、水瓶の中の水は、徐々に冷えてゆき、一時間もすると、いつ、誰が飲んでも、適度にノドを潤すくらいの温度となった。

隣の家と狭い露地をへだてた壁に穿ってある、鉄格子のついた窓辺や、裏口のちょっとした物陰の暗みの傍で、汗ばんでぼんやりと外気のまぶしさを反映しているこの丸い水瓶は、仕事を終えて帰ってきた人々の、涸れてささくれ立ったノドに、いつも冷たい清水を流し込んだばかりか、人々は、素焼きの水瓶の表面のしっとりぬれているさまを、脳裏に垣間見ながら、この先、いかに烈しい暑さが襲ってこようと、〝まだまだ俺たちゃ救われるのだ〟という感じに包まれた。むしろ、村人の暑さに対するふてぶてしい態度は、その長年の累積した経験の底に、いつも、苛酷な暑さに反比例してしめやかに流れるあの冷たい清流のせせらぎが、聞こえていたからこそなのである。彼らは、その水の音を聞きながら、はじめて、自分たちがこの世の中

に立ち向って行ける生物であるということを、限りなく知っていた。

水というものが、とてつもなく彼らの生命と深い関係にあることを、歴史的に思い知らされてきた彼らの中のある者は、自分たちが水より立ち現れた生物の一つであるという信念を、その長い人生のうちに育み、ついには、動かし難い信仰心となって固着し……、湖の魚とか、水に住む蛇とか、ゲンゴロウ虫とか、およそ水の中で生活を営む生物に対しては、それを彼自身の先祖だとみなし、崇めた。だからその人は、いつも魚を食って生きのびているあの盗人犬《ぬすっと》に、街で会うと、怒りと憎しみに我を忘れ、両の足で地べたを踏み鳴らしながら、もうそれが毎度のことで慣れてしまった犬が、またか、といった調子でノロノロとその場を立ち去るまで追っかけるのが常であった。

この、六十を過ぎた、腹の出っ張って、すでに何もすることのなくなったオヤジの、盗人犬《ぬすっと》に対する憎しみが、魚族の末裔としてのそれよりも、ややもすると、私情に傾き過ぎて見える一つの理由に……近頃では、犬の野郎がしだいに先を見越すようになって、オヤジの遅い足を馬鹿にしてか、オヤジが追っ払って立ち去ろうとすると、また、近くまでやって来て、ウォンウォンとからかうまでに、横着になってきているからである。

この、魚を食って生きている盗人犬《ぬすっと》から馬鹿にされた、魚族の血統を誇るオヤジのようには、村人は自分の血というものに、さほどこだわりもしなかったが……彼らもやはり、村の寺の壁に刻み込んである、魚の口から人間が出てくる浮彫り彫刻を、崇めるように寺の主から言われても、それに対して、何ら疑いをさしはさむようなことはなかった。そのことは、彼らの水浴びが、確かに一つの信仰心と結びついている事実の中に、十分にうかがわれたが、それ以上に、夏の湖は、彼らがほてった体を冷やすように、実用的でもあった。そして湖は、あの、しっとりぬれた水瓶が人々に与えるような、精神的効能を人々に与えており、人々は、時たま湖の面の、風にさざめく幾万ものキラ星を脳裏に垣間見ながら〝何とよい湖だろう、俺たちゃ救われるのだ〟という感じにいつも包まれたのであった。

家々が、湖の周りに寄生するような恰好で立っているがごとくに、彼らの精神もまた、湖に依存しているのであり、この乾燥地帯の小さな村にやって来た苛酷な夏は、《水》とともに、あるいは水の与える精神的好影響とともに克服されつつあるかのようだった。

ぼくの宿の近くの村の耕地の入口に掘り込んである、この村最大の灌漑用の井戸も、この夏を乗り越えるうえに、重要な村人たちの武器だった。

穴の直径が六メートルもあって見るからに頼もしく、それは地下に打ち込んだ巨大な大砲という感じを与えた。穴の内側には、苔むした岩が手荒にうめ込んであり、岩と岩のすき間は、何十羽という鳩や、それに入りまじって、自分のことをやっぱり鳥の類だとみなしたらしい三、四匹のコウモリのねぐらとなっていた。鳥たちの住みかを争う小競合《こぜりあい》で、時たまバタバタという羽ばたきの音や、クークー言う鳴き声が、薄暗い井戸の中に響きわたったりするのを耳にすると、村人はこのいくつかの世界を包み込んでやっている巨大な穴の寛容さに、まざまざと触れたような気分になった。

たまに、農家の年齢のいった者が、この穴の前を通り過ぎる折に、さりげなく二つのてのひらを合せて、何やら口ごもる仕種に出会うと……彼もまた、代々、穴の中に巣食う鳩と同じように、この巨大な井戸の寛容さに包まれて生きて来た一人であったろうと思われた。

夏の日の午後四時は、湖の西に並んで建つ家並みの影が、湖の縁にちょうどさしかかる時で……それは、昼間燃えさかっていた太陽が、西の地平に向ってゆるやかに下降線をたどりながら燃焼をやめて行く、最初の徴《しるし》でもあった。それはまた、長い尾っぽの孔雀どもが、まるで定規ででも測ったかのように、自分の縄張りを決めた湖の縁のあちこちに、水を突っつきにやってくる時であり、またあの一羽でもやかましいったらないシギ鳥めが、どこからともなく、やたらとゴソゴソ沼地の上に集って来て、長い嘴と長い足を絡みつかせながら、騒ぎ立てる時でもある。

そして、昼前あたりから止っていた村の機能も、ちょうどこの頃から回復しはじめ、その頃になっても、まだ樹下の蔭に横たわり、ふらちな夢を貪っている者は、それは多分に公認された昼寝人というより、すでに単なる怠け者以外の何者でもなかった。

立派な角を持った二匹の白い雄牛と連れだった少年が、例の灌漑用の井戸へやってくるのも、ちょうどこの頃だ。この少年は村の者から大して注目を受けているわけでもないが、少年は自分の身についた職能のゆえに、はからずも村が夏というものに立ち向う作戦上の最前線に立っていた。

この少年のやりかたというと、馬鹿げて、単調で、見ちゃあおれない、というのがぼくの素直な感想であり、いったい俺が、あんなこと毎日毎日やらされた日にゃあ、狂ってしまって井戸の中に飛び込みかねないぞと思ったものである。

つまり、少年と二匹の牛は、井戸から田畑に水を送り込むポンプのような役目を果していた。灌漑用の井戸の一方の側が、二メートルぐらい石垣で高くなっており、その石垣の頂上から外側に向って、幅三メートル、長さ十五、六メートルの、なだらかな土の坂道が築いてある。少年は、二匹の牛を後ろ向きに、この坂道の一等高いところまで、上手に牛の頭をたたきながら登らせると、井戸の上の大きな滑車に連なった黒く太い麻のロープを、二匹の牛の外側についている牽引棒にそれぞれゆわえつけた。そして、突然〝ホーッ!〟と奇妙な大声を張り上げながら、ピンと張った二本のロープの結び目に、少年がお尻から飛び乗ると、それが合図で、二頭の牛は一挙に坂を駆け降りる仕掛けであった。最後の十三、四メートルあたりまで駆け降りると、ロープがギュギュギュギュギュッと鳴る。井戸の上に仕掛けられた鉄の滑車を伝わったロープに引っぱられて、何が上がってくるかというと、水のいっぱい入った、一頭分の牛の革袋である。足のあった所や、腹の部分の穴のあいた所から、ピュウピュウ水がこぼれ落ちている。その奇妙なバケツが、田畑に通じている灌漑用の溝の上まで来ると、水が革袋からこぼれ落ちる仕掛けになっている。そして、その高さに革のバケツがさしかかった時が、最も力のはいるところでもある。

牽引棒につながっている両牛の肩のコブのところに渡されたくびきが、牛の肩にめり込む。牛は少し苦しそうに、目をむいて頭を上にそらすが、少年はここで牛をひるませないように、ロープに乗ったまま、今度は牛のお尻をたたきながら、再び〝ホーッ〟と奇声を上げる。そこで牛が、もうひと踏ん張りして三メートルも進むと、後の方でドドドドと、水のなだれをうって落ちる音がする。するとロープはいっぺんに軽くなる。

皮袋の水が灌漑用の溝へと注がれたわけである。少年はロープから降りると、再び牛の頭の方に立って、牛を坂の上へと押し返す。牛はぎこちない足どりで、後ろ向きにトコトコと坂を登って行く。水が出てしまって空っぽになってゴワゴワになった一頭分の牛の革が、今度はユラユラしながら、スルリスルリと井戸の底へと降りて行く。革袋が水を含んだ頃を見計らって、再び〝ホーッ〟と奇声を発しながら、ロープに少年が飛び乗る。牛が坂を駆け降りる。不恰好な一頭分の牛の革袋が、水で満ぶくれになって、スルスルッと上がってくる。少年が再びホーッと叫ぶ。ドドドドッと水が溝に流れ込む。少年がまた、牛の頭にまわって牛を押し返す……。

これを日に百二十回近くも、毎日毎日、少年と二匹の雄牛は飽きもせずにくり返すのである。

ある日、ぼくは、この単調で馬鹿げて見ちゃあおれないことを、暇に任せて、三時間もぶっつづけで見学した。少年も、ぼくのことを、馬鹿げて見ちゃあおれないと思ったかも知れないが、ぼくは自分の方が、その少年に対して、馬鹿げて見ちゃあおれないと、より感じているのだという自信めいたものがあった。

あれは……そうだ、たったの三時間が三日にも思えた末、やっと少年が牛からロープをとりはずしだして、やれやれ、やっと終りかと、おそらくいささかあきれて、うんざりとした表情で、少年にちょっと笑みを投げかけた時であったろうか。

縄から解かれた二頭の働き牛は、しきりに草を食んでいた。日も沈んでしまって……最後の紅色を今にも消し去ろうかという空には、小鳥の群が舞っていた。そして、しゃがみ込んだぼくの前には、少年が立っていた。

単調で馬鹿げたことを毎日やっている割には、彼は健康そうに見えた。肉づきは良くないが、背の丈一メートル五十センチ、細身のよくしまった体はつややかで、体の色より少し濃いくらいの茶色の小さなパンツが、よく似合っていた。そして何よりも——その表情から、彼がこの仕事に対して、疑いというものをまったく持っていないのだなということがうかがわれた。

〝ウルム・キャー？〟(年いくつ？)

少年は答えず、ニコニコ笑っていた。

結局のところ、少年はアーとかイーとか言えるだけの唖なのであった。ぼくは、いったいいつごろからこんな仕事をあてがわれているのか聞き出そうと、牛を指差して手でお尻をひっぱたく恰好をし、そのあと即座に少年の顔の前に十本の指をつき出しては、勘定をしてみせた。だが、困ったことに、人の言いたいことを曲解して取るのが、唖の常とみえて、少年はぼくの

右の手を取って、どこかに連れて行きたいという風であった。その時、ぼくは少年の手に触れて、オヤッと思った。しなやかな細い指だったが、それは鞭のように、何かを強いるような固さがあった。

ぼくは何かを感じた。そのてのひらは、年少者の軽率というものを覆し、人に信頼を植えつけるだけの固さがあった、と同時に、ぼく自身のてのひらに感じるどこかしら柔弱なもの……ぼくはついて行った。ぼくには、彼に手を引かれる所以があった。

言われるままに……粘土質の土でできた灌漑用の溝に沿って、二人は歩いた。やがて、ライ麦畑の刈り込みを終って、方々が新しく掘り返されている地帯がよく見渡せる小高い所に、二人はやって来た。そして少年がしきりに指差す方をぼくは見た。そこには、少年と二匹の牛が、数時間のうちに、乾いた大地にもたらした潤いというべきものが、大樹の木の枝のように、多岐にわかれて土をかい潜り、そして食い入り、黒く刻印されていた。

それは、広大な面積の多くを満たすほどのものではなかったが、確かにそれは印されていた。

夏の酷熱の陽を受けて、乾き切った大地に、それは、民族のふてぶてしい挑戦の気持を、十分に表わしていた。

……この小僧が。

〝アッチャーッ〟(へへーッ)

〝アッチャーッ〟ぼくは少年の肩を、トンとたたいた。少年は、ウェーッと普通なら笑い声にならぬ声を立てながら笑った。ぼくは、ここにしばらく止まって、その大地に印された人間の痕跡というものを、見ていたいような気がした。

ここで休むのだぞと手真似で言うと、少年は〝じゃあ〟というジェスチュアをするなり、あぜ道を彼の牛のいる方に向って、駆けて行った。

少年は健康であった。

ぼくは、多分恨めしそうに、彼の姿を見送った。そして、走りゆく少年の姿を見送りながら、小さくつぶやいたように思う。

……こんちくしょう、いい恰好しゃがって……。

もうそろそろ四月になろうとする頃、部屋の便所の脇に置かれた、鉢の中で枯れている植物に、時ならぬ異変の起きるのを見た。

ちょうどぼくがこの土地にやって来た頃、その枯草はまだ青々としていて、直径五ミリばかりの小さな紫色の花を、たくさんつけていたのだが……いつの間にか完全に茶色くなってしまっていた。

それがどうだろう、その茶色い見捨てられたものの中に、二粒の紫色の花が、再び現れたのだ。それは、狂い咲きとしか言いようがなかった。そしてそれは、またそれらの草花が、完全に死に絶える以後数日の間に、何の生物学的役割をも果すことなく、三たびその生命を閉じる、

ただのあだばなというべきものだった。

しかし、この二つの小さなあだばなは、他の面で影響を及ぼす力があった。つまりそれは、再びぼくを《旅》に送りやる力である。この村におけるぼくの営みも、旅の過程における一つのものに違いなかったが、それでもなおかつ、ぼくは旅に出ようという気持になっていた。

それからぼくは、二つのあだばなをつけた植木鉢を、どうせなら便所のにおいを嗅いで死ぬより、太陽にあたって死んだ方が良いだろうと、ドアを開けて、強い陽差しのもとに置いた。そして、

〝ほれ、もう夏だよ〟

と言ってやった。

四月に入ったある日、ぼくは胸のポケットに、見たものが何でも十五倍に見える折畳式望遠鏡を、左の肩からは、二リットルくらいの水が入る湯タンポのような水筒をぶら下げ、そして、英国統治時代からあるような、古い、大きなコウモリ傘を開いて、宿の門を出た。

それは、あの、オイボレ・アシュラムの建っている山の頂に登るためであった。

子供のころ、ぼくの家のある街の近くに、やはり山があって、それに初めて登った時、それまで、いつも自分の家が中心にあるように思い込んでいたのだが、ずいぶんと街の端っこの方に、他の家と何ら変らぬたたずまいを示しているのを見て、はじめて、自分の立場というもの

の公平な認識を幼心に焼きつけたことがあった。

ぼくは出発に際して、この愛すべき土地の上に、ぼくがこれまできずいた理解の数々、その、誤解のないところを、今一度確かめたく思った。

また、自分がこれから進むべき方向というものを……つまり、西であるか、東であるかという決定は、すべてが見透せるかのような錯覚を人に与える地図の上ではなく、人がその視野の中で、不明確な部分を想いながら、ノラリ、クラリとやって行くような古典的な立場で決定する方が、今日、ぼくにとってやりがいのあることなので、ぼくは、新世界発見のために装備した最小限のガラクタとともに高いところに登りつつあったのだ。

言わずと知れたことだが、布を三重に張り合せたコウモリ傘は、巨大なる夏の太陽を遮断して生体を保護するためであり、水がいっぱい入って、歩くごとにタポタポ言っている、砂漠兵士払下げの水筒は、新陳代謝維持のためであり、また、日本から持参した、例の何でも見たものが十五倍になる、折畳式望遠鏡は、知覚作業の助長にあてるものである。そして、この歩く姿は、人の目に多少滑稽に映るのと同じ程度に真剣さの現れたものと考えてよかった。

山の頂から観るプシュカールの村は、東西に広がる広大な砂丘地帯の小さな湖の周りにへばりついている、家の数、一千個あまりの集落であった。

湖は、これも東西に向ってやや延びた、ほぼ楕円の形をとっており、そのほとんどの縁という縁は、あたかも、この砂漠のただ中のけなげな湿りっ気を逃さじとばかりに、石造りのガットが張りめぐらされている。

歯の抜けたように、ガットのない、東南の湖縁は、不定形の黒い地面が、なだらかな勾配をもって、徐々に、その灰色がかった緑色の湖水の中へと侵入している。

高い所から見ると、そのわずかばかりの黒い土の表面に、まるでそれが繁殖力の弱いカビの一種であるかのように、例のコブ牛が毎日食んでいる雑草の類がうっすらと青い。

その青いものの上にあるべき牛たちの姿は見当らなかった。ぼくは少し不満に思った。

こちら側の湖畔から、この山のふもとに到る土地が、この村でもっとも民家の密集しているところで、厚い土や石壁でできた白っぽい家々は、湖縁の近くに沿った家々を除いて、ほとんど無秩序に入り組んで建っている。

白い家々の間には、意外に多くの樹々の繁りがあった。

ぼくは、ぼくの城の中庭に植わっている大きな菩提樹を思い出した。それは、色々な種類の風が樹の繁みを通りすぎるごとに、葉っぱ同士がさまざまなぶつかり合いをやって、色々な音色を出す地から突き出た楽器のようなものだった。そして、その中に巣食う小鳥どもは、大きな楽器の出す比較的単調な旋律を時々その小さな声帯によって助けたものであった。

南の灌木地帯から湖畔に到る、かなり広大な土地は、ライ麦畑であり、そこには、刈り込みを終えた畑の上を、白い点のように見える耕作用の牛が、きわめて緩慢な速度で、行ったり来

たり、何度も往復しているのが見えた。

　ぼくは、その白いものの動きを少しの間、目で追った。しばらくすると、その白い動くものから遠く離れた、灌木地帯に近い方で、白い煙の立ち昇るのが見えた。それを契機に、まるで、手品の替玉のように、この焼けつくような太陽の下で、生けるものの表わす記号が、あちこちに所を変えて現れては消えて行った。

　ぼくは遠く細々と立ち昇る、白い煙の行方を追った。煙は、少し上に昇ると、その末端をしだいに広げて行って虚空の中へと融け込んで行った。

　空には、田畑地帯の上あたりに、霞のような雲が一ヵ所だけ、フッと走っているだけで、それも、やがては消え去る運命にあるように思えた。

　ぼくは、鳥の姿を見出そうと、コウモリ傘を少し、後ろにやって、青い空をあおいで見た。だが、太陽がまだ熱いせいか、それらしい姿は見えなかった。ぼくは、コウモリ傘をたたんで、地面の上にポイと投げ出した。白っぽい、小石まじりの地面から、熱い砂煙が舞った。そして夏の太陽をまともに受けた体は……熱かった。

　太陽は一日じゅう、何の障害にもはばまれることなく、これらの、ありとあらゆる地上のものの上を淡々と照らし続けるだろう。

　ぼくは、風景というもの、そして自分をもこのまま放置しておきたく思った。

岩陰に隠しておいた水筒を取り出すと、頭のてっぺんに水をしたたらせた。

水は幾すじもの線を引きながら熱い皮膚の表面を走った。

ぼくは、しばらく、この眼下にひろがる、プシュカールの風景を、虚ろな気分で眺めていたが、ふと我に返って、いつも自分の寝泊りしている、城を改造した宿屋の方に目をやった。

宿屋は、ガットのない東南の湖の縁に面して、やや高くそびえているはずだったので、たいした努力もなしに、ぼくの目に飛び込んで来るだろうと思っていたが、意に反して、それは、そうではなかった。

それらしいものは、すぐには見あたらなかったのである。

ぼくはさらに、目をよく凝らすべきだと思った。そして、このように、改めて自分の住みなれた家を捜さなければならないことを、少しばかり腹立たしく思った。

しばらく、用心深い観察の後、宿屋のあるべき東南の湖畔に沿った高台の付近に、かつて、ぼくがあまり見慣れないような家の建っていることに気がついた。

だがそれは地理的に考えて、どうしてもぼくの家が建っていなければならない所に建っていた。

ぼくは、家から目をそらした。そして、遠くの灌木地帯に目をやった。そして、冷静を取りもどすために、大きな深呼吸を一つした。

少し時間がたって、ぼくは、再び懸命に、あの家が、自分の家である確証を得んがために、目をしばし凝らしたが、ぼくは多少近視ぎみだったので、遠くから物の細部を見ようとすると、

いつも失敗するのが常だった。だからやっぱりこの時も失敗した。ぼくは目を閉じたり開いたりしてみた。そして、自分の記憶の中にある家の構造を、頭っから引っぱり出しながら、今おぼろおぼろに見える我が家の、細部にそれらしい確証を得る手助けを、加えようとした。……しかし、その幻のように見える我が家は、ことごとく、記憶を裏切っていた。記憶の中の家はどこにもなかった。最初に記憶を裏切ったのは、その高さと面積においてであった。それは他の家と同じようにへちゃげて、そしてちぢこまって見え、他の家と何ら異るところのない、ありきたりのものであった。だが、何よりもそれは、そうであらねばならぬと願っているように、その壁は包み込まれるべき女性の肌のような優しい色彩ではなく、単なる土くれのそれであった。そして視線をちょっとでも離すと、家は即座にあの漠たる地殻の一部へと、変貌をとげるように思えた。

ぼくは眼下に広がるこの風景の、当然あるべき中心を失ったような気がした。その時ぼくは、上衣のポケットにしまい込んでいる、見たものが十五倍に見える望遠鏡のことに気づいた。しかし、その時、それは遅すぎると言えた。ついさっきまで、それとなく笑みさえ浮べながら在ったと思われる両の頬が、密《ひそ》やかにこわばるのを覚えたからである。それよりもぼくが恐れたのは、望遠鏡で一挙に引きつけて直視する我が家が、もうほとんど、ぼくの記憶を余すところなく打ち砕くやも知れぬ……ということであった。ぼくは、自分の家を見ようとするすべての努力を中止した。

軽く深呼吸をした。そして、それとなくプシュカールの村から視線をそらして行った。村は、なぜか徐々に記憶から脱落して行くように思えた。今、かろうじて、ぼくの視野の端っこの方に、薄ぼんやりと、かげろうのごとく広がる村の現身《うつしみ》は、単に白っぽい、何かの集積であるかのように、横たわっていた。

何の思いをはせることもなく、ぼくはしばらく、そこにただ突っ立っていた。そして再び頭のシンの熱く焼けるのを覚えた。ぼくは残り少ない水筒の水をそれにそそいだ。幾すじかの水が頬をつたって、唇に触れると、乾いて小さくひび割れた唇は、塩っからいその液体に痛んだ。

ペッと唾を吐く……。

乾いた地面はその液体の痕跡をかたときも残してはおかなかった。

〃さあ、ぼくはもうこの村を発つのだ〃

と思った。ぼくは気を取り直して、村の外に目をやった。

東の方を見ると、それは、ぼくがこの村に二カ月余り前、あの六人乗りの三輪バスでガタガタとやって来た方向だった。そのバスの通っている道は西と東の二方向しかなかったので、ぼくがこれから先、進むべき道は二つしかない。ぼくはくるりと西の方を見た。それは、この村を発った後に、当然進むべき方角だった。

山のふもとにある、時折り十五人乗りのバスがやって来たり、たまには先日のように兵隊のジープやトラックがやって来たりする村の広場から西に向って、一本の、ほんのちょっと黒みがかった道が、まっすぐに走っている。その道を、目で追ってみた。道は、村の西のはずれにある、警察官の二人しかいないポリススティションのわきをすりぬけると、急に白っぽくなり、村の西にあるすりばち山のふもと付近になると、もうほとんど、まわりの砂原の色と見分けのつかぬくらい、砂をかぶってしまっていた。東のアジメールという中都市に通じている一本の道も、同じような砂丘地帯を走っているのに、どこまで目で追って行っても、視野の続くかぎり、とぎれることはなかった。それは、この村から、東よりも西に向っての交通が、なり行きまかせのものであることを物語っていた。ぼくは道を見ながら、やはり西を選ぶ方が、自分の今の気持にしっくりするように思えた。そして再び、西の方に目をやった。

村の西方四キロのところにある集落は、その一本の細い道から、右寄りにかなりずれた所にあり、多少黒っぽい緑褐色の立方形が、こんもりと、白い砂の平面より浮き出ている。あそこにも、このプシュカールと同じように、なにがしかの湿りっ気があるのだろう。

東のそれに比べて、西の地平は明確なものではなかった。この山と同じような山が、砂原の中にいくつもあって、それらの間から見える地平は、線ではなかった。かげろうのせいか、それは何か揺れ動く細長い生物のように思えた。

ぼくは、進むべき方角の、より確かな知識を得るために、おもむろに、近眼用アダプター付きの何でも見たものが十五倍になる折畳式望遠鏡を取り出した。だが……数分の後、この、遠くのものをわざわざ近づけて見る外国人の神通力が、はかなくも消え去っていることを、ぼくは知る羽目となった。

あの不鮮明な西の地平に向って、二つの飛び出した、十五倍の目盛の間についているネジをクルクルやった時、その円型の視野によって切り取られた不明確な西の地平は、さらに曖昧模糊なものとなり、それは単に、手垢によってできた、レンズのくもりに等しいものだった。ぼくは、久しい昔、あの信ずべき体積をひけらかした綿菓子が、小さな口の中で突然、消滅してしまった時と同じような気分を味わった。……見ない方がよかった……少なからぬ後悔の気持が、ぼくに向ってささやいているようであった。

ぼくは望遠鏡を目から離すと、深い呼吸を二、三度くり返してみた。そして、上衣のポケットに望遠鏡をしまい込むと、アシュラムに通ずるギクシャクした小径のそばの石に、腰をおろした。そして、軽く両のまぶたを閉じた。熱い微風が、頬をなでていった。

しばらくの間、そのままじっと身動きをしなかった……そして一羽の鳥の、はばたきの音が、頭上を、シュワッシュワッとよぎるのを聞いた時……ぼくは再び、ゆっくり目を開いた。……まぶしかった。頭上を見て、いましがたの鳥をさがしたが、すでにそこに生きものの姿はなかった。

太陽は西に二十度くらい傾斜していたが、陽差しの性質は正午とまったく変ることなく、頂上近くに生えている、葉っぱのない、ゴツゴツしたねずみ色の灌木や、赤茶けた大きな岩や、アシュラムに通ずる小径に刻み込んだ段々や、そしてぼく自身や、すべてのものの影は、くっきりと強い輪郭を描いて、小石まじりの荒れた白い土の上に、へちゃげたような形を落していた。

ぼくは、また、小さく深呼吸をした。……口の中が、妙にしょっぱく、そしてねばっこくなっているのに気づいた。二メートルほど向いの灌木の根元に、ペッと唾をはいてみたが……意に反して、それはノッペリと糸をひいて、こともあろうに、自分のヒザ小僧にひっかかる結果となった。どぎまぎした。あわててそばのこずえを折って、液体の大部分を、用心深く排除した後、白っ茶けた小径の土くれを手でこさいですくった。そして、ゴシゴシとヒザ小僧にこすりつけた。乾いた土は、くだけ散り、きめのこまかい砂状のものとなって、緑色の布の上に、ぼんやりと白く粉っぽい不定型を描いた。液体の痕跡らしいものは、見当らなかった。ぼくは、結果に少し安心した。だが、なぜだろうか、しばらく心臓の高鳴りは、おさまることがなかった。

いったい、ここはどこなのだろうかと、思った。何かを聞こうと、耳をすましてみた。プシュカールの村の、きわめて微弱なざわめきが聞こえてきた。しかし、そのざわめきは、耳もとで少しでも風が移動するたびにとだえた。

しばらくして、ぼくは、耳というより、ぼくの体の皮膚全体が、何か奇妙な音にとらえられているのに気づいた。よく考えると、その音、もしくは振動は、ずいぶん前から自分をとらえていたように思う。それに気付きはじめて、その振動はその時、より明瞭なものになりつつあった。

ズン……ズン……ズン……と、何かそれは、音というにはあまりに非形象的な、いかなる事物をも想像させぬ……地鳴りか……それとも、この頭上の虚空が鳴っているのか、確かに皮膚は、それを感じとっていた。

ズン……ズン……ズン……とそれは、呼吸のリズムとも、心臓の打つリズムとも一致することなく肉体の発するいっさいの法則とは無関係に鳴り続けた。それは、優しく、そして無慈悲な音であるように思えた。そしてそれは、やがてぼくに、いくばくかの恐怖の念を与えだした。

立ち枯れした灌木の小枝が、小刻みにふるえる時は、ぼくの耳たぶもやはり風を受け、音は耳をくすぐって走り去る。するとぼくは、すぐその機会を逃さず、恐ろしい音を聞くまいとした。時たま……下の方から吹き上げてくる風に乗って、村人の声がかすかに聞こえてくることがあった。ぼくは、村人の声が何を言っているのか聞き取ろうと、……懸命になった。

……しばらくして、

〝キョン〟(なあに)

という、かん高い、若い女の声を鼓膜の奥の方に、確かに聞いたような気がした。

ぼくは再びそれを聞こうと、耳を傾けてみた。ぼくは必死であった。しかし……それっきり、人の住む世界からの音信らしきものは、何一つ聞こえて来なかった。

ぼくは、ことさら深呼吸をして、背伸びをしてみた。深呼吸は単に喉の渇きを助長した。そして吸い込む熱い空気は、空になった胃の中で空転した。

ぼくは背のびをしながら、ぼくの視野の内に残されている、救わるべき何ものかを捜し出そうと、その時、何故か、ぼくの視線は、頭上の青い虚空を夢うつつ、さまようていた。

太陽にさらし続けた、熱い身体は、その時、その青いものに皮膚を洗われているようであった。

熱い風景は、その青いものから遠ざかりつつ東方に向けて落下した。

そしてむしろ、快く、……ぼくの五体は徐々に、あの風に鳴る植物のように冷えて行くのを感じつつ、目は虚ろに青い虚空の中をゆっくりとさまようていた。

それから、しばらくして、突然、その両の眼は不能のものとなった。

巨大なる、太陽の送りくる《光》をまともに見すえてしまったのだ。

しかし……この時、ぼくは、ぼくの生涯のうちで、最も不敵な態度を示した。

ぼくは、じっと見すえた。

そこにある、巨大な閃光を。

すでに、闇に落ちた、不可視の眼球をささえるささやかな筋肉……それは不敵にも、ゆるまなかった。ぼくは、じっと、見続けた。……そして、睡魔が、やって来た……。

……長いねむりであった。

長いねむりの終り、そして、新たなる世界の始まりは……。

道の端の小さな小石のこわれる音であった。

新たなる世界の始まりは、直立した何かがやさしく空《くう》を切る音であった。

……確かに、ぼくは、自分のうしろで小石のくずれる音を聞いた。

それは、しだいに、くずれ落ちながら、徐々に他のものをまき込み、やがて轟音とともに、足もとに広がる小さな、人の世界を破滅させるやも知れない……というのに、その人間の歩みは、じつに無神経であった。

ぼくの眠りは、その無神経な、一人の人間によって起されたのだ。

ぼくはうしろを振り向いた。

ぼくのうちひしがれた目は、色を識別する能力の点において、まだ完全ではなかった。

…………

〃キャーチャイエ〃(何してるんだね)

しわがれた、優しい声……。

ぼくの目は濡れていた。

よくは見えなかったが、老いさらばえた、人間のようであった。

〃キャーチャイエ〃

また、老人はそのように言って近づいて来た。

ぼくは、まごついた。そして、上衣のポケットから、望遠鏡を取り出して、ガチャガチャやった。

そして、濡れた眼にギュッと押しつけた。

円型に切り取られた、どこやらの地平は、かつて見た時よりもいっそうひどく、曖昧模糊として、ぼくの目に映った。

ぼくの肩に、そっと触れるものがあった。

〝キャーチャイエ〟

ぼくは、また後ろを振り向いた。そして、左の小手をかざして、老人を見上げるようにし、そして、口だけを見せて笑った。

老人の口も笑っていた。大して立派でない白い髭が、顎にあった。

〝キャーチャイエ〟

老人は望遠鏡を指差した。

ぼくは望遠鏡を差し出した。

老人は、ぼくのやっていたように、目玉にその機械を押しあてると、まるで放心したように、まんべんなく、下界のありとあらゆる風景の細部を、探索しだした。

背の低い、頭の禿げ上がった人で、赤い長すぎるクッタの裾が、地面ですり切れて、ボロボ

口になっている。老人は、望遠鏡を目に当てたまま、何か独り言をブツブツ言っていた。

ぼくは、その老人の姿を見続けているうちに、おかしみがこみ上げて来た。だから……ぼくは笑った。

乾いた風が、ぼくの面前を何度も往来して、頬に濡れるものを、ぬぐい去っていった。

老人は、プシュカールの村を見続けていた。

ぼくは、呼吸をした。そばの灌木の枝を折って、先っちょの細い方を前歯でくわえた。顔を上下に、小さくゆすってみた。枝は、たわわに弧を描きながら大きく優美にゆれ動いた。ぼくは、口にくわえた小枝をぬき取って、ピュッと空に向って投げた。

そして、虚空に向って小さくつぶやいた。

〝ハウ・ドゥ・ユー・フィール〟(どうですか)

まっ青な空が、やけに近く……ぼくはそのただ中にいるような気がした。

老人は答えなかった。

〝ハウ・ドゥ・ユー・フィール〟

ぼくは再び、小さく口を開いてみた。やっと、老人は少し目を、その小さな機械からずらして、ぼくの方を見た。ぼくも老人を見た……老人は、これは良い機械だというふうに、顔を小さく左右に振りながら、ほほえんだ。

〝スピーク・イングリッシュ？〟(英語話しますか？)

〝イエース〟

老人は、当然だよという風に、首を再び小さく左右に振りながら答えた。そして、ちょっと待て、というジェスチュアをすると、再び、プシュカールの村を、食い入るように見続けた。

〝ハウ・ドゥ・ユー・フィール〟

ぼくは青い空に向って、同じ言葉をつぶやいてみた……。

一羽の黒い鳶が、ぼくの頭上を旋回しているのが見えた。

あとがき

（『印度放浪』一九七二年版のものをそのまま転載）

この本を書き終えて、僕は東京近郊有数の新興住宅地帯に移り住んだ。そのただ中にある、平均的な会社員の住む、やや薬くさくもある２ＤＫの新築アパートである。家は、やや高台にある。六畳の間の窓からは、かなり広大な向う側の斜面に群立する建て売り新築住宅が、動かすべからざる風景として展開しているのが見える。僕は、朝な夕な、四角いアルミ窓を通して、それらの風景と対面しなくてはならない。

それはちょうど、この本の第一章の終篇《鳶《とんび》》（文庫版第二章に収録）で、ぼくがプシュカールという地の歴史的風景と対峙した日々の状況によく似ている。だが、言うまでもなく、今、僕の前にあるこのニッポンの風景は、あまりに美しすぎて悲しく、そして軽く、非歴史的であり、空しく、滑稽である。

ロココ風に体裁された家々の鉄の垣根には、なぜか狂ったように薔薇の花が栽培されて、たがいを競いあう。派手な色でつくろった家々のトタン屋根に、まだ一度も愛すべき野良猫の姿は見ない。家々の間をせっせと毒物で結ぶ都市ガス配管工。

おそらく、家々の夕餉の食卓をいっせいに彩るのは、その日のテレビが報じる料理。そしておそらく、その材料はスーパーマーケットの、水銀入り野菜。

その水銀入りの母乳で育った赤子はやけに丸々太っている。毒物に関しては、少々抵抗力をつけて生れるのが、新しい子供たちである。その子らが飼っている、カエルになることは死を意味するガラス鉢のおたまじゃくし。

そしてぼくらは、プリントされた天井の杢目を見ながら死ぬであろう。鳥の羽ばたき、風の音、葉ずれ、すべてを聞かずに死ぬであろう。

だが、今の僕にはそれらのものに対して嫌悪とは異なった感情が芽ばえている。つまり、僕は日々窓の外の軽い風景を見ながら、体の一部が何かくすぐったいのである。

ある日、僕はこの風景の上に稲妻を見た。夜であった。閃光は一瞬《風景》を浮び上がらせた。その時、なぜか僕は、耐えがたく滑稽なものを見たような気がした。

天からの閃光によって照らし出されたものは、木々の深い緑であったり、雨雲であったり、岡の斜面であったり、まだ整地されていない空地の土くれであったり、その表面に生息する雑草の類であったりした。

だが、それは何よりも、あの色とりどりの軽いトタン屋根の上にあったのだ。

インドの荒地に稲妻の落ちるのを見たことがある。それはひとくちに言って、実にカッコよかった。だがたとえば……その荒地の上にカラフルなプラスチックの玩具を置いてみたとする。図々しいことには、そのプラスチックの玩具は、荒地と同じ程度に天の放った閃光を神々しく反映しているではないか。ズッコケてしまう何か。それを見る僕のサマにならなさ。そして、このあまりに自然とかけ離れたものが、森羅万象の変化に、かくものうのうと参与していることのおかしさ。

僕はそれいらい、朝な夕な刻々、森羅万象のうつろいになぞらえて、移りゆく建て売り新築住宅の群を見るにつけ、今なお、おかしみを消しがたい。

そして、今、僕の住む家が、その軽く滑稽な風景を形づくる一つの玩具である時、僕はただ、体の一部に巣食ったおかしみを耐えながら、再び荒地に向って旅立たねばならない。

今日の朝……けなげにも……朝の陽を受けて紅を食むプレハブ住宅の群に僕の旅立ちをささげる。


なお、本文の《最初の旅から》(文庫版の第一章にあたる)は、三年前、はじめてインドを旅した時に書いたものと、昨年の『アサヒグラフ』の連載を集めたものだ。特に最初に書いた、《さらば、カシミール》と、《ハダシのインド人との対話》は、自分でも今はほお笑みながら読むことができる。そして、第一章のすべては最近あらたに書いたもので(文庫版の第二章にあたる)、これらの二つのものの間には三年の隔りがある。だからこの二つを読み比べていただくことによって、一人の若者の三年の歳月を読者は感じとれるはずである。

三年の間に円とインド・ルピーの変動が生じたが、本文ではあえて訂正していないことをお断りしておく。

最後に、この本の製作にあたって、お世話になった朝日新聞図書編集室のかたがた、最初に、ぼくのインド放浪記に興味を持っていただいた『アサヒグラフ』編集部のかたがたにお礼を申しあげます。

一九七二年五月二十九日

藤原新也

熱球の下

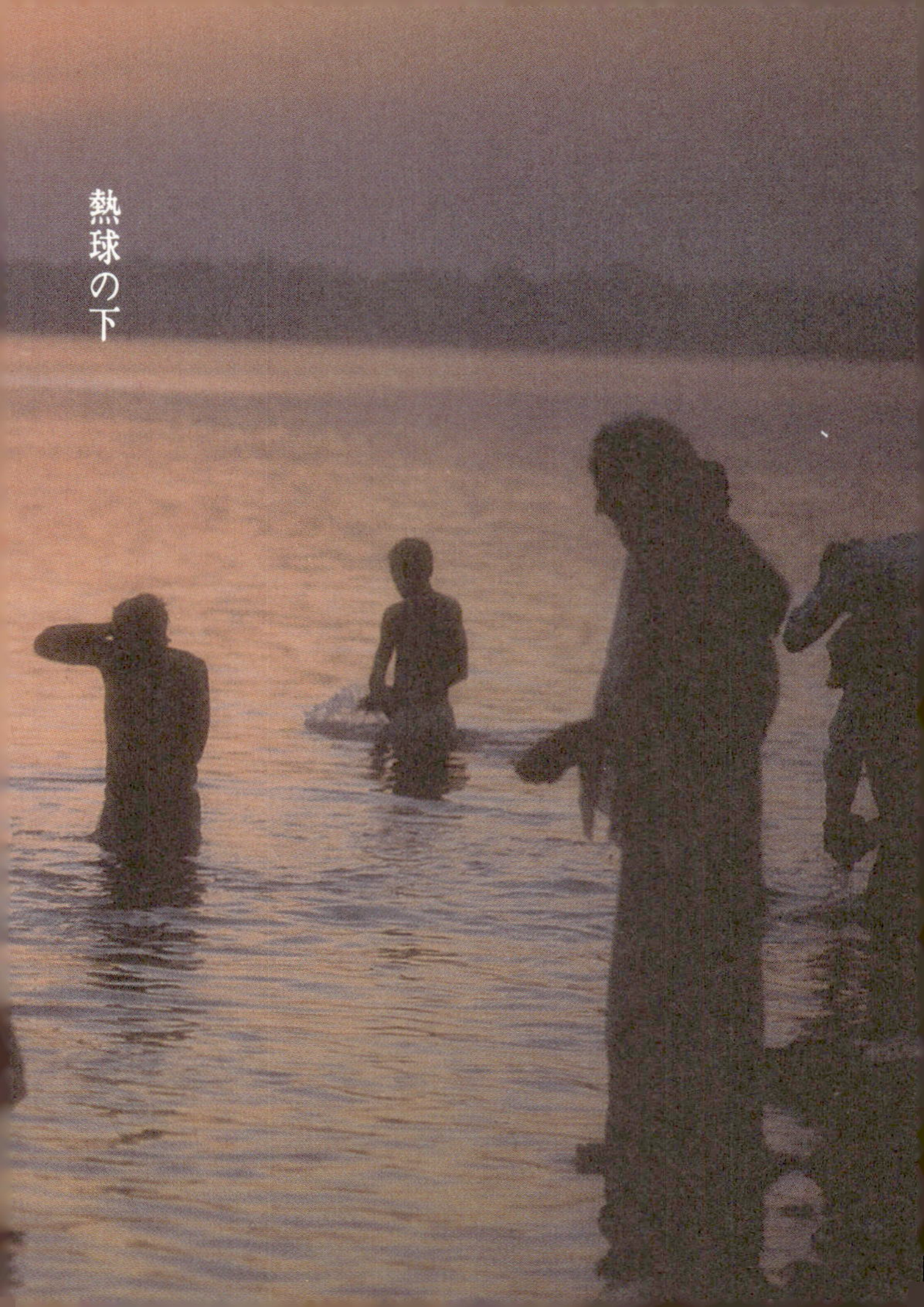

インドは、命の在り場所の見えるところである。自然の中のそれぞれの命が、独自の強い個性を持って自己を主張している。三月中旬からとつぜんのごとく燃えだす苛烈な夏の太陽は、私たちの頭上にどうしようもなく巨大な熱球が存在することをいつも忘れさせない。この熱球の放つ熱と光の主張に焼かれた地上の一切は、あたかもその熱球の分子であるがごとく、生命の熱みを孕み、それを放射する。

梅檀の木は強烈な匂いを発し、マンゴーの熟れた実は性的な甘い香りで私たちの体を包む。人民の喜怒哀楽は、熱の分子を付着させたまま自然の熱と香の間を陽性に飛び交い、時折彼らはその熱をさますために聖なる河に身を浸す。河のほとりでは、いくつかの炎が上っており、そこには熱を放射し終え、死を迎えた人の屍が、燃えている。炎の囲りを徘徊する犬、豚、鴉、はげたか。インドという国が国の近代化にいつも失敗するのは、その人びとの頭上の巨大な熱球の主張や、その分子である地上の熱の独自のうごめきや生命の主張というものを法によって規制できないところにある。さらに言えば、この国においては、熱が法にとってかわっているのだ。それが宗教というものだろう。

この『印度放浪』は、私が二十三歳の時、はじめてその熱球の下の大陸に遊んだときの記録である。はじめて、その土地を踏んだ一九六〇年代の終りのころ、日本はちょうど高度経済成長の最中だった。物質的な豊さを求めて、誰もが一所けんめいに働いていた。この国の近代化と、経済の豊かさを求める過程において、失われて行くものも多かった。そして、社会は管理化されつつあった。管理化のシステムの中で人間的なる息吹は隠滅され、それに対する抵抗もあった。そういう状況の中で、私は大学を捨て、自分の経歴のすべてを捨て去るようなかたちでインドに行った。この国は貧困であった。ただ、そこに私が見たものは、その物質的貧困と同時に、あの、我我が今現在失いつつある、熱、であった。つまり、ちょうど日本では、この熱という一つの生命の根本が、何か巨大なものによって管理されて行こうとしている最中だったから、私はその国の熱にうかされた。そして地上における生きものの命の在り場所をはっきりと見たし、合わせて自分の命の在り場所もはっきりと見ることができた。それは、私の二十代の一つの革命だった。

あれから十年余りを経た現在、六〇年代の人間管理化の予感は、まぎれもなく本物となった。国家規模での利潤追求という薄ら寒い唯一の目的のもとに教育は管理され、人間の死生すら管理されはじめた。人間集団の最小単位である家族にまで崩壊の兆しが見られる昨今、私は時折、インドの地上にうごめく熱の数々を想いうかべることがある。

『印度放浪』は、若かった私が熱にうかされた恥ずかしい一冊の最初の書きものである。今回私は、本書を再び、何年ぶりかで通読してみた。今読むとずいぶん稚拙なところが目について、手を加えたい気もしたが、思いとどまった。これはあの時の私の言葉であって、今の私の言葉ではないからだ。ただ一つ改めて気づいたことは、この本の率直さが、近代化され、管理化された日本に対するアンチテーゼとしての力を失っていないばかりか、この十年の日本の状況進化に伴って、より一層明確な視点を与えられているということであった。

藤原新也

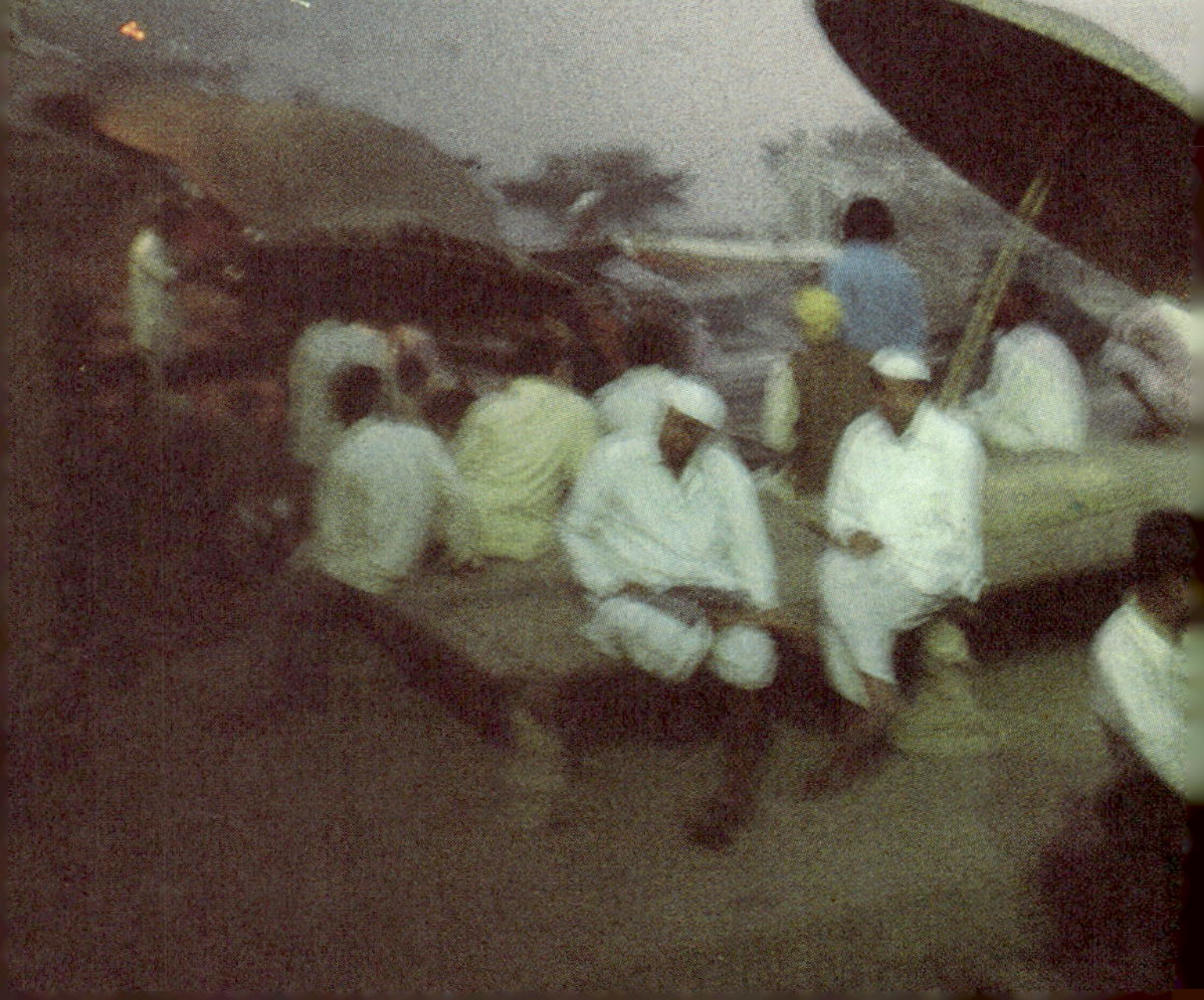

印度放浪《インドほうろう》

朝日文庫

2019年1月30日　第1刷発行
2022年12月20日　第2刷発行

著者　藤《ふじ》原《わら》新《しん》也《や》

発行者　三宮博信
発行所　朝日新聞出版
〒104-8011 東京都中央区築地5-3-2
電話　03-5541-8832（編集）
03-5540-7793（販売）
印刷製本　凸版印刷株式会社

Published in Japan by Asahi Shimbun Publications Inc.
定価はカバーに表示してあります

ISBN978-4-02-264917-1
落丁・乱丁の場合は弊社業務部（電話03-5540-7800）へご連絡ください。
送料弊社負担にてお取り替えいたします。